近年の自然災害と学校防災

I

― これからの時代に求められる防災・減災 ―

兵庫教育大学連合大学院・防災教育研究プロジェクトチーム　著

協同出版

はじめに

　2011（平成23）年に発生した東日本大震災は学校防災に大きな衝撃と影響を与えた。石巻市立大川小学校では教職員・児童合わせて84名が犠牲となる最大の悲劇が生じた。学校管理下でこれだけ多くの子供たちを失うというあり得ない状況と共に，2019年10月最高裁では，この悲劇の原因となる自然状況は予想できたという学校側に厳しい判決も見られた。また，東日本大震災では，学校防災の在り方が，複数の裁判でも論議された。東松島市立野蒜小学校では，最高裁において引き渡しの在り方までも言及された。改めて自然災害に対する学校安全，危機管理の重要性が指摘されたと言える。今日，教育行政に携わったり，学校管理職だけが意識を高めたりするのでなく，日常からの学校全体の取組が一層求められている。

　その後も，熊本地震，鳥取県中部地域を中心とした地震，大阪府北部を中心とした地震，北海道胆振東部地震等，学校教育にも大きな影響を与えた地震が続いている。さらには，2013年8月に特別警報が運用されてからも毎年，数十年に一度レベルの「ただちに命を守る行動」をとる必要のある災害が発生している。直近でも2018年に台風21号，西日本豪雨，2019（令和元）年にも台風15号，19号（東日本台風）と東日本全域に大きな被害が生じた。ここでは改めて学校避難所の在り方問われている。

　しかし，防災・減災を意識した教育活動において自然は災害だけでなく，様々な恩恵も有することも伝えたい。教育とは次世代に夢を与える営みであり，地域で発生する災害に備えるために自然環境や社会環境を理解するという目的だけでなく，地域のすばらしさ，誇り，さらには先人の思いなども考えることができる人材の育成を願っているからである。

　これからの複雑な国内外の情勢の中で生きていく次世代に必要な資質・能力が論議され，2020年度から完全実施される学習指導要領の基本となっている。その具体的な教育方法の一つは想定が不可能な時代の防災・減災教育とも考えられる。つまり，学んだことを，危険予測や回避する対応ができる能力の育成は，今後とも様々な領域で必要である。特に自然災害の発生は防ぐことは不可能である。いかに被害を少なくするか，場合によってはレジリ

1

エンスも重要な「生きる力」となることが考えられる。

　学校教育への期待は大きい。なぜ，社会の新たな課題が常に学校のみに大きな任務が負わされるのか疑問が生じるのは事実である。しかし，「防災・減災」，「環境・エネルギー」の問題の解決には，人材育成や教育の果たす役割が大きいのも否定できない。本研究プロジェクトでは，SDGs（持続可能な開発目標）を見据え，地域や社会と連動し，カリキュラム・マネジメントの展開につながるこれからの学校防災の構築を試みたい。

　2020（令和2）年2月

　　兵庫教育大学連合大学院プロジェクト研究チームを代表して

　　　　　　　　　　　　　　　　　　　　　　　　　　　藤岡達也

近年の自然災害と学校防災（Ⅰ）
―これからの時代に求められる防災・減災―

目　次

はじめに　　1

第1章　近年の国内外の学校防災をめぐる状況 ･････････････････ 9
　1 近年の自然災害に関する学校防災・危機管理の動向 ･･･････ 10
　（1）近年の自然災害と学校防災・危機管理
　（2）学校防災をめぐる近年の動向と諸課題
　（3）近年の自然災害の発生にみる学校防災の対
　（4）原子力発電所事故対応について
　（5）地域と連携した学校の役割
　（6）ローカル人材及びグローバル人材の必要性
　（7）学校防災に関する新たな解決策について
　（8）今後の課題
　2 日本のナショナルカリキュラム（学習指導要領）と
　　学校防災への影響 ･･････････････････････････････････････ 30
　　　―戦後から近年までの学習指導要領を例にして―
　（1）学習指導要領の誕生後の自然災害に対する防災の取り扱い
　（2）自然災害の「防災」に対する学習内容の変化
　（3）自然災害の防災に対する内容の充実
　（4）今後の学校防災への期待
　3 台湾光復中学校地震遺構（921 地震教育園区）と
　　減災教育 ･･ 42
　（1）はじめに
　（2）地震とは

（3）台湾の地震

（4）台湾地震の特異性

（5）921 地震教育園区

（6）おわりに

4 ドイツの中等地理学習における防災学習の特徴 ·················· 55
　　　—カリキュラムと教科書の検討から—

（1）はじめに

（2）ドイツの教育制度・動向と地理教育の概要

（3）ラインラント＝プファルツ州カリキュラム社会科学科地理分
　　　野にみる防災学習の視点

（4）ラインラント＝プファルツ州用地理教科書 *TERRA Erdkunde
　　　Gymnasium* における防災に関連する学習単元とその指導過
　　　程

（5）おわりに

第2章　自然災害からの教訓と想定される災害への対応 ········· 73

1 福島県の放射線教育・防災教育の現状 ····························· 74

（1）はじめに

（2）放射線教育と防災教育の必要性と位置付け

（3）放射線教育・防災教育の展開

（4）防災に関する授業実践

（5）おわりに

2 平成 30 年西日本 7 月豪雨などの特徴も意識した
　防災教育の教材化への視点 ····································· 82
　　　—日本付近の暖候期の大雨の特徴の季節的・地域的多様性の中で—

（1）はじめに

（2）日本列島の梅雨最盛期における降水と大気場（西日本と東日
　　　本の差）

（3）10 分降水量データで見る梅雨最盛期における九州での集中豪
　　　雨の特徴

（4）東日本における梅雨最盛期の大雨日の降水の特徴

（5）2018（平成30）年7月豪雨時の岡山県・広島県付近での降雨特性

（6）おわりに

3 日本初の特別警報と想定外の避難所対応 ……………………… 99
　　―2013（平成25）年9月15日，台風18号への対応の記録―

（1）特別警報発表前の栗東市の防災対策状況

（2）台風18号襲撃時の学校の対応

（3）台風18号への初期対応（特別警報発表まで）

（4）特別警報発表後の対応

（5）避難者対応の内容とその状況

（6）その後の経過と避難所運営を振り返って

4 災害時における「避難所運営」の実際と課題 ……………… 108

（1）学校における避難所の現状

（2）学校避難所は必要なのか

（3）宮古市立愛宕小学校における避難所の運営の実際

（4）学校避難所に関する「国レベル」の取組

（5）避難所運営における学校の在り方

（6）おわりに

5 地震防災学習は何からはじめるべきか …………………… 123

（1）はじめに

（2）防災意識の低い地域の子どもたちに何が足りないか

（3）どうやって揺さぶりをかけるのか

（4）どうやって教材を見つけるのか

（5）まとめにかえて

　　【コラム】原子力発電所事故を想定した避難訓練　135

第3章　新たな学校防災への取組 ………………………………… 139

1 被災地における防災教育の実践 ……………………………… 140
　　―自助と共助の意識を持った児童の育成を目指して―

（1）はじめに

（2）東日本大震災と七郷小学校

（3）七郷小学校の防災・安全の学習について

（4）災害対応力育成のための実践事例

（5）震災の記憶の継承のための実践事例（平成30年度6年生の
　　実践）

（6）おわりに

2　これからの教員養成・教員研修における体系的な

学校防災の構築 ……………………………………………………… 155

　　　―教職大学院での授業・実習を例に―

（1）学校安全，危機管理等の新たな研修体制の構築

（2）教職大学院における学校安全，危機管理取扱いの意義

（3）学校安全，危機管理等と関連した科目・実習の展開

（4）滋賀県の課題と教育委員会との連携

（5）今後の課題

3　自然災害に向きあう高校教育活動の実践例 ………………… 173

（1）はじめに

（2）家庭科での取り組み

（3）避難所生活の模擬体験学習を通して

（4）ハザードマップを活用した授業

（5）授業後の感想

（6）家庭科におけるその他の実践

（7）おわりに

4　通学路のブロック塀の安全点検を取り入れた

地震防災教育プログラムの実践 ……………………………… 185

　　　―南海トラフ巨大地震に備えて―

（1）はじめに

（2）学校施設におけるブロック塀等の安全対策等状況調査

（3）学校施設及び通学路におけるブロック塀の現状

（4）通学路のブロック塀安全点検を取り入れた地震防災教育プロ
　　グラムの実践

（5）まとめ

5 学校・家庭・地域ぐるみの防災教育の推進 ……………… 203
　　―我が家の"防災会議"につなげるストーリーある取組―

（1）はじめに

（2）2018（平成30）年度の取組の概要

（3）取組の成果と課題

（4）おわりに

おわりに　　213

第1章

近年の国内外の学校防災をめぐる状況

1 近年の自然災害に関する学校防災・危機管理の動向

藤岡　達也

　まず，本研究プロジェクトの背景となる近年の自然災害と学校防災に関する国（文部科学省），教育行政・教育現場の取組や動向について概観する。

（1）近年の自然災害と学校防災・危機管理

　日本では，従来から自然災害の発生が多かったが，1995（平成7）年兵庫県南部地震発生以降，学校防災は大きな課題となっていた。2004年新潟・福島豪雨，中越地震などもあり，学校保健安全法が2009年に施行され，文科省としても2010（平成22）年には「学校安全資料『生きる力』をはぐくむ学校での安全教育」を改訂し，2011年3月には「学校防災参考資料　『生きる力』をはぐくむ防災教育の展開」の刊行直前であった。

　未曽有の東日本大震災発生後には，国（文科省），各地域の教育行政で防災・減災への対応が喫緊の課題となり，新たな取組が始まった。しかし，それにもかかわらず，東日本大震災発生後も，国内各地では多様な自然災害が発生し，学校教育にも大きな影響がみられた。例えば，2016年4月には熊本地震が発生し，関連死も含めると200名を超える犠牲者が生じたり，同年10月の鳥取県中部を中心とした地震では，学校避難所や給食センターの被害を中心に様々な混乱が引き起こされたりした。2018年には，大阪府北部を中心とした地震，北海道胆振東部地震，さらに，2017年7月九州北部豪雨，2018年西日本豪雨，2019年台風19号等，温帯モンスーンに属する日本列島では，毎年，台風や集中豪雨によって，河川氾濫，洪水や土石流，地すべり等の被害が生じている。

　東日本大震災発生後も継続して，学校や教職員は，避難訓練・引き渡し訓練，防災マニュアルの作成等，日常での児童生徒や保護者への対応に加えて，喫緊時には，避難所運営にも関わる等，地域社会への貢献にも期待されることがある。また，文科省は 2019 年 3 月には，「学校事故対応に関する指針」（2016 年 3 月）の策定や学習指導要領の改訂等を踏まえ，「学校安全資料『生きる力』をはぐくむ学校での安全教育」改訂 2 版を刊行している。

　学校が取り組むのは，直接の自然災害に対してだけではない。東日本大震災発生後，帰還困難区域が存在し，最も復興へのめどが立たないと言えるのが，廃炉まで長大な時間と莫大な費用が予想される東京電力福島第一原子力発電所（以後，1F と略記）事故であり，これへの対応である。2012 年におおよそ 5 年間をめどに「学校安全に関する推進の計画」が閣議決定されたが，2017 年 3 月には引き続き「第 2 次学校安全の推進に関する計画」が閣議決定された。ここでは，1F 事故の教訓を踏まえ，UPZ 圏内（原子力発電所から約 30km 以内）では，地域の原子力発電所事故を想定した「事故災害対応マニュアル」の作成や「避難訓練」等の実施が勧められている。

　自然災害への対応は，国内だけにとどまらず，国際社会でも大きな課題となっている。世界の平和と安全を希求する国連は自然災害も大きな脅威と捉え，1994 年 5 月横浜市で第 1 回目，2005 年神戸市で第 2 回目，そして第 3 回目を 2015 年仙台市で国連防災世界会議を開催した。ここで，注目したいのは，自然災害の削減について，日本に新たなリーダーシップが期待されていることである。政府間レベルだけでなく，第 3 回同会議では，学校防災に関連して，文科省・内閣府（防災担当）等が主催した防災教育交流国際フォーラム「レジリエントな社会構築と防災教育・地域防災力の向上を目指して」において，持続可能な社会の構築とも関わって仙台宣言を提出したことも大きな意義がある。

　学校教育界では，2017 年度に告示された小学校・中学校の学習指導要領の中で，自然災害の記載が増加したとともに，2030 年までの「持続可能な開発目標（SDGs）」に向けて，「持続可能な社会」の言葉が目につくようになっている。2020 年小学校，2021 年中学校で全面実施の学習指導要領では，「知識・技能」，「思考力・判断力・表現力等」，「学びに向かう力・人間性等」を

育成するために「主体的・対話的で深い学び」が期待されており，これを防災教育の3つのねらい「知識，思考・判断」，「危険予測，主体的な行動」，「社会貢献，支援者の基盤」につなげることとも合わせ，具体化される状況も見られる。

　以上，本稿では，教育界の多様な課題が山積する背景を踏まえて，学校防災に焦点を当て，近年の自然災害に対する防災・減災，復興に関する教育の現状と課題を整理するとともに。今後の学校防災についての展望を探りたい。

（2）学校防災をめぐる近年の動向と諸課題

1．学校における防災教育の位置付け

　まず，最近の国内外の学校防災の背景と動向について整理したい。2017年3月に，「安全に関する指導」が総則に記載された小中学校の新学習指導要領が公布され，ほぼ同時に閣議決定された「第2次学校安全に関する推進の計画」も文科省から各地域の教育行政に通知された。従来から，学校安全は，生活安全，交通安全，災害安全の3領域からなり，この中の災害安全が防災と同義とされている。

　さらに，2017（平成29）年6月に公表された教職課程コアカリキュラムの中で「学校安全への対応」が記載される等，学校安全の取扱いは今後の教職員免許取得にも影響が及ぶ。近年の教員養成・研修の変革として教職大学院の設置を無視することができない。2018年度において，鳥取県を除く全都道府県に設置され，多くの教育大学・教育学部で修士課程が廃止され，一本化される教職大学院でも共通科目として開設すべき領域が決められている。例えば，学級経営，学校経営に関する領域等での学校安全の取扱い等は重要な内容となる。

　しかし，繰り返して述べてきたように，学校での防災を含めた安全教育は必ずしも体系化，系統化されているとは言えない。国，例えば文部科学省（以下，文科省と略記）では，どの部局が防災教育を含んだ学校安全を担当しているのか触れてみる。文科省で学校安全を担当する部局は2015年10月までは，スポーツ青少年局であったが，東京オリンピック・パラリンピックに備え，スポーツ省が独立したため，同局は初等中等教育局（以後，初中局と略

記）に統合され，新学習指導要領では，学校安全は初めて初中局の下におかれて総則にも記載された。しかし，2018年10月には，総合教育政策局に移管された。そのため，かつてのように2つの局において，自然災害に関する取扱いと災害安全の取扱いがなされていると言える。

　東日本大震災発生後，文科省はすぐに「東日本大震災を受けた防災教育・防災管理等に関する有識者会議」（以後，有識者会議と略記）を開催し，平成2011年9月には中間とりまとめ，翌年7月には最終報告を発表したが，この担当はスポーツ青少年局（当時）であった。そのため，教科や総合的な学習の時間等の連動については具体的に記載されていない。文科省は，震災発生1年後，2年後に，「学校防災（地震・津波災害）マニュアル作成の手引き」，「学校防災参考資料『生きる力』を育む防災教育の展開」を相次いで刊行したが，これらの担当はいずれも同局であったため，評価の観点の整合性等教科との若干のずれは見られる。

　初中局では，学習指導要領をはじめ各教科の教育課程等を担当しており，教科の中で，防災と関連して自然災害のもととなる現象，人間生活への影響はそれぞれ主に理科，社会科で取り扱われる内容であり，教科の特色から直接，防災教育や学校安全に関わる記述はなかった。その点において，初中局に学校安全の部署が統合された時期には，教科で取扱う自然災害の知識が，避難訓練等の活動と連動することへの期待があったが，再び懸念される状況になったかもしれない。

　学校安全に関する法律が整えられたのは比較的最近である。1958（昭和33）年に制定された「学校保健法」の一部が改正され，先述のように2009（平成21）年4月，「学校保健安全法」が施行され，この法律の「第3章」に「学校安全」が記載された。この契機としては自然災害だけでなく，2001年大阪教育大学附属池田小学校事件，2005年寝屋川中央小学校事件と不審者による学校での殺傷事件が相次いだり，心身ともに傷つく子供達のケアが求められたりしたことも背景にあった。

　学校保健安全法が施行されて間もなく，2011年に発生した東日本大震災によって，防災教育の重要な課題，例えばマニュアル作成，避難訓練，地域との連携体制等の再確認の必要性が明確化した。そこで，2012年には繰り

返して述べるように，「学校安全の推進に関する計画」が閣議設定され，学校安全に一層取り組まれるようになった。東日本大震災前後から，多くの事件，事故災害が発生し，現在もその対応への課題が山積している。災害安全に関しては，東日本大震災発生後も，熊本地震をはじめ，各地で震度5強以上の地震が発生したり，「平成23年7月新潟福島豪雨」，「平成26年8月豪雨」，「平成27年9月関東・東北豪雨」，「平成29年7月九州北部豪雨」（いずれも気象庁が命名）等が生じたりして，各地域の多大な被害が教育現場にも大きな影響を与えている現況を無視することができない。

　また，2013年にはそれまでの警報より緊急性の高い「特別警報」の運用が気象庁によって開始され，その3週間後の台風18号時に京都・滋賀等に発表された。「特別警報」は数十年に1度のレベルの災害で「ただちに命を守る行動」をとるように呼びかけられている。しかし，「特別警報」は，運用開始年の2013年以来，毎年発表されている。また，2016年の台風10号の教訓から，従来の避難勧告，避難指示の表示が変更された。それまで市町村長から「避難準備情報」，「避難勧告」，「避難指示」の発令であったのが，「避難準備・高齢者等避難開始」，「避難勧告」，「避難指示（緊急）」と表示が変わった。「暴風警報」等の発表は，従来から学校での休業に大きな影響を与えていたが，学校では，「発表」，「発令」の区別等を理解しておらず，「警報が発令された」としばし混同された文書が多い。

　被災地域で学校が避難所となる場合，教職員はどれくらい携わるかについても，教育現場には若干の混乱がある。文科省は2017年1月に「大規模災害時の学校における避難所運営の協力に関する留意事項について」を通知し，学校や教職員もスムーズな学校再開のために，避難所運営の理解と協力等を無視することができなくなっている。それまで，学校教職員は，勤務する学校が避難所となっていてもその対応は行政の役割で，児童生徒の安全掌握と学校再開に向けての取組が任務とされていた。教職員の勤務状況を考えた場合，超過勤務になることもあるが，現実に対応するための手段とも言える。

2．東日本大震災発生後の国内外の防災・減災の展開

　東日本大震災発生後，文科省によって2012（平成24）年度から3年間，「実践的防災教育総合支援事業」が実施された。2015年度からは，「防災教育を

中心とした実践的安全教育総合支援事業」，さらに 2018 年度からは，「実践的安全教育総合支援事業」が全国多くの都道府県で展開されている。

　これらの支援事業の意義は各都道府県の教育委員会が文科省からの予算的支援を受け，各都道府県レベルで防災教育に特化した教員研修等の実施が可能になったことである。確かに，従来から都道府県単独での防災研修は実施されていたが，近年，財政的な制約を受け，研修回数や外部講師等を減らさざるを得なかった中で，指導方法等の開発や普及，地域の防災関係機関との連携体制を構築・強化する等，充実した研修の展開が可能となった。さらに，各年度に都道府県の担当指導主事が会する機会も設定され，防災に関する情報交換の機会が増えたと言える。

　1F 事故以降，復興教育や放射線教育は福島県内だけでなく，全国的に原子力事故災害に備えた取組が求められている。これについては，後に詳しく述べるが，帰還困難区域の学校に在籍していた児童生徒は，他の地域への転校を余儀なくされ，そこでの問題や対応も大きな課題となっている。

　加えて，学校防災は日本だけの課題ではない。1990 年から 2000 年までは「国連防災の 10 年」であり，これまで 3 回の国連防災世界会議は，いずれも日本で開催された。2005 年に神戸で開かれた会議では，UN/DESD（United Nations Decade of Education for Sustainable Development ＝国連持続可能な開発のための教育の 10 年）と連動した兵庫行動枠組（Hyogo Framework for Action，以後 HFA と略記）が採択され，この実現の一つとして，教育の重要性が示され，2006，2007 年は学校防災のキャンペーンが挙げられた。なお，HFA は有識者会議中間報告の中でも記載されている。ESD（Education for Sustainable Development）も防災と関係しており，UN/DESD を契機に日本でもユネスコスクール登録校の数が増加した。例えば 2004 年新潟福島豪雨で大きな被害を受けた新潟県見附市では，全小中学校がユネスコスクールとなり，水害を教訓に防災教育に取り組んでいる。前述の第 3 回国連世界防災会議「仙台宣言」の中でも，国内外の被災地域の連携が記され，防災教育の持続可能な国際社会への貢献も期待されている。

　以上のように，これまで取り組まれてきた国内の学校防災を踏まえながら，次章以降では，近年の学校教育現場が直面する問題点を整理する。また，学

校防災に関連した課題解決のための最近の大学，教育学等の改革を踏まえながら，今後の取組や展望についても検討したい。

（3）近年の自然災害の発生にみる学校防災の対応

1．熊本地震と鳥取県中部地震の課題

　気象庁は顕著な災害を起こした自然現象については，命名することにより共通の名称を使用して，過去に発生した大規模な災害における経験や豊富な教訓を後世代に伝承するとともに，防災関係機関等が災害発生後の応急，復旧活動を円滑に実施することを期待している。

　2011年の東北地方太平洋沖地震以降の地震についての学校防災の課題を探る。2016年は4月に熊本地震，10月に鳥取県中部地域を中心とする地震が発生した。これらの地震では，従来から指摘されている課題とともに，新たに検討すべき問題も生じた。例えば，従来から指摘されているのは学校に避難所が設置された場合等，学校は地域にとって心身共に拠り所となることである。また，教室内での落下物による児童生徒への負傷事例が相変わらず発生している。倉吉市内の中学校では，教室内のテレビが地震の衝撃で落下し，男子生徒が負傷した。文科省「防災マニュアル」でも「落ちてこない，倒れてこない，移動してこない場所へ」がキーワードとされ，繰り返し教育現場へも指示されていたが，同様な理由による負傷者はなくならない。一方，新たな課題として，倉吉市で避難の最中に，男児が校庭で転倒して骨折するという重傷を負ったり，倉吉市と岡山県で机の下に潜った時に，目の上に怪我をしたりすることも2名の男児に見られた。これらのことから，避難訓練の在り方そのものも検討する必要がある。

　日常から，人が怪我をする原因として，転倒・転落が挙げられている。鳥取県中部地震発生時でも重傷者5名の原因は4名が転倒，1名が転落である。転落の1名は，屋根に上がって植木の伐採中であったとのことである。また，日常から児童の怪我は圧倒的に男児が多い。鳥取県中部地震においても怪我をした児童は全員が男児であった。このことから自然災害時の怪我の発生は日常の延長と考えられ，日常の学校安全への取組が地震発生時にも活かされると捉えたい。

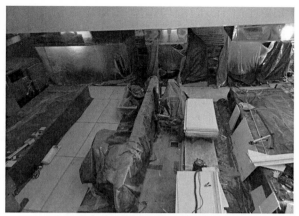

図1　鳥取県中部地震で被害を受けた給食センター

　鳥取県中部地震で，教育界として大きな被害として考えられるのは，倉吉市では給食センターの復旧に半年以上かかり，その間，児童生徒の昼食確保に，市や県の教育委員会ともに対応に追われたことであろう（図1）。給食は災害発生の翌週の月曜日から，授業の再開と同時に実施されたものの当分の間，牛乳とパンの簡易給食が続いた。他市等の給食センターからの支援もあったが，教育行政は対応に困難を極めた。教育行政や学校だけでなく，保護者や地域の理解も不可欠な例である。また，この全国への報道により，同市教育委員会の担当課は様々な批判を浴び，改めて教育行政として，情報管理等マスコミ対応の重要性が明確になった。

　さらに，地震発生時が平日の午後ということもあり，保護者への引き渡しについても学校間に対応の格差が見られた。引渡し訓練の重要性が明確になり，この教訓を活かし，翌2017年度からは各学校でも本格的に取り組まれるようになった。

　地震が連続して発生する時の対応も無視できない。熊本地震では2016年4月に震度7の大地震が発生した。しかし，その約26時間後に再び震度7の地震が生じた。このことから気象庁は大地震が発生した時，同レベルの地震が1週間以内に起こる可能性等を呼び掛けるようになった。鳥取県中部地震でも同日午後12時12分にM4.2の地震が発生し，ほぼ同じ震央で，約2

時間後に本震（M6.6）が発生した。その時，学校によって対応が分かれた。例えば，より用心した学校と安心した学校である。前者のように落下物の可能性の点検を命じた管理職とそうでない管理職の対応は，再び地震が発生した時の初期対応に大きな差がある。

２．大阪府北部を中心とする地震

　2018年6月18日には大阪府北部地震が発生した。震央近くの高槻市では最大震度6弱の大きな揺れが観測された。滋賀県においては，最大震度が大津市で5弱，草津市〜長浜市まで広い範囲で震度4であった。滋賀県を通る最も大きな活断層は，福井県三方五湖から南西に走る花折断層，そしてその延長線上とも言える有馬・高槻活断層帯，さらに続く六甲・野島断層帯は西日本でも中央構造線沿いの活断層，糸魚川・静岡構造線沿いの活断層に続く長さと言える。これまでも琵琶湖西側の活断層とその延長に存在する活断層によって発生してきた大地震があり，慶長伏見地震などがその典型的な例である。湖西には，花こう岩帯の比叡山及び比良山系が連なり，これらの花こう岩の隆起は琵琶湖西岸断層帯及び花折断層による地殻変動とも関係している。

　大阪府北部地震では，先述のように滋賀県では最大震度5弱であったが，直接大きな被害はなかったとは言え，JR琵琶湖線や京都線が不通となり，業務や通勤者の出勤，帰宅に影響を与えた。発生時刻が午前7時58分ということもあり，既に出勤・登校後であったり，その途中であったりしたため大きな混乱が生じた。ただ，県内では，日常から自家用車の使用が頻繁であったことが幸いしたのか，家族・親戚や地域などの連携・対応により大阪市近辺等ほどの帰宅困難は見られなかった。また，東日本に見られる様な地震時には最も近くの階に停止する新式のエレベーターが震源地域には少なく，子供もエレベーター内に長時間閉じ込められた時の課題も生じた。

　この時間帯に発生した地震時に，子供達が登校した状態で教員が教室にいなかった状況への対応の課題も新たに浮かび上がった。子供達は自分の判断で行動することになったが，校庭に避難途中で怪我をした児童もいた。2016年鳥取県中部地震時においても校庭に避難中，転倒し指を剥離骨折した児童がいたり，机の下に慌てて潜り込み，目の上を負傷したりした児童も2名い

た。いずれも男児であったが，「おかしも」（消防庁が小学校低学年の生徒を対象に作った避難訓練用の標語（押さない・駆けない・しゃべらない・戻らない））の徹底と共に，何のために避難するのかを児童自身が考える必要がある事例とも言えた。

　学校においての最大の悲劇は大阪府高槻市でのコンクリートブロック倒壊による女児の犠牲である。高槻市立寿栄小学校プールの壁の危険性は従来から指摘され，小学校から報告を受けた高槻市教育委員会は，職員を現地に派遣していた。このブロック塀の高さは 3.5m あり建築基準法からも疑問視される。1978 年宮城県沖地震時での教訓も，その後のブロック塀除去の対策は，大阪府では徹底しておらず，高槻市及び周辺地域では急遽ブロック塀が撤去

図２　大阪府北部地震震度６弱地域の室内

されることになった。また，コンクリートブロックに関しては地域のボランティア見廻り隊のシニアの犠牲も生じた。

　さらに自宅で，倒れた本棚の中で，死亡された高齢の方も後日確認された。高槻市周辺の震度6弱の揺れは家屋にも大きな影響を与えた。今日外観からでは内部の被害が読み取れない場合も多い。図2は震度6弱の地域に住宅があった本学学生の部屋の状況である。本棚等の固定は述べるまでもないが，本棚や食器棚などの家具では，中の物が飛び出すことも忘れてはならない。また，近年，学校防災では，学校での避難訓練が中心であるが，自宅での対応にも考慮した防災教育が明確になった。これには保護者への啓発も求められる。

　2016（平成28）年熊本地震を教訓に，大地震の後では，同程度の地震が発生することもあり，その注意も怠れなくなっている。しかし，その間，学校行事等が予定されていたり，引き続いて起こる地震に備えたり，どのような対応が必要かなど新たな課題も生じた。

3．西日本豪雨の影響

　2018年7月末には，福岡県から岐阜県まで，結果的に12府県に大雨特別警報が発表されるような激しい集中豪雨が生じた。各地に犠牲者が生じ，国内全体では237名と近年の風水害では大惨事となった。2013年に国内で特別警報が運用開始されて以来，最大の範囲に特別警報が発表されたと言える。

　西日本豪雨の被害状況を各地域の自然環境に照らし合わせて検討する必要もある。西日本豪雨では特に広島県と岡山県に被害が大きかった。確かに短時間の集中豪雨の原因となる線状降水帯が生じたのも事実である。しかし，被害の原因となる発生した自然災害は両県で異なったところも見られる。例えば，広島県では，広島市安佐南区のように土石流等の斜面災害が大きな被害原因となった。一方，岡山県では，倉敷市真備町のように，河川氾濫・堤防決壊による水害が大きな被害原因となった。

　広島県の土砂災害の大きな原因は，地質的に見て，中国地方など近畿地方から西日本に広がる花こう岩地帯特有のものと言ってよい。平成26年9月にも大規模な土砂災害が発生し，多数の犠牲者が生じた。この時，学校も被害を受けたり避難所となったりした。これらを踏まえて滋賀県教育委員会は

「学校の危機管理トップセミナー」において，広島市立梅林小学校の校長を講師として講演を依頼している。近年，気象情報のシステムが発達し，市町村長からの避難勧告・避難指示の発令等が明確になっても，地域の状況を知らなければ住民の迅速な避難行動にはつながらないことは，この時から指摘されていた。それから4年後に再び今回のような大惨事となった。また，豪雨時に河川堤防が破堤したり，内水被害さえ，頻繁に発生したりする。2018年の日本初の特別警報が発表された時も県内の多くの河川において浸水被害が生じた。

４．2018年台風21号

　滋賀県を含め，関西地域に大きな影響を与えたのが台風21号であった。大津市はじめ，長浜市，彦根市など，最大瞬間風速が9月として最高の値を記録した。台風の進路に関わって滋賀県においても琵琶湖南岸で被害が著しく，滋賀大学教育学部の中でもキャンパスの樹木に大きな被害が生じた。特に大学宿泊施設や学食周辺である。ビニルハウスなども大きく損傷した。文字通り根こそぎ倒され，これだけでも風の強さが想定される（図3）。

　各学校においても暴風警報の発表が予想されるときには，物理的な対応が不可欠になっている。

図3　台風21号による樹木被害

5．熱波による熱中症への対策

　2018 年度の自然災害に関する防災の中に入れてよいものとして，熱波による熱中症対策が挙げられるだろう。総務省によると，2018 年 5 月から 9 月の全国における熱中症による救急搬送人員数の累計は 95,137 人であり，昨年同期間の 52,984 人と比べると 42,153 人の大幅増となっていることがわかる。高齢者が多いとは言え，満 7 歳以上満 18 歳未満の児童・生徒を含む青少年も 13,192 人と全体の 13.9％を占める。

　愛知県豊田市では，今後の対応が無視できない痛ましい事件が発生した。これは 7 月，校外学習から戻った小学校 1 年の男児が熱射病の疑いで死亡したことである。これを受けて，第三者調査委員会が市によって設置された。公表された問題の要因や防止策をまとめた報告書によると，教員に熱中症の知識が不足していたためであると判断された。その結果，校外学習を中止する判断に至らず，事態を回避できなかったと指摘している。滋賀県内においても，夏季には様々な対策が余儀なくされた。例えば，県内の学校で，大会等が開催された場合，控え場所は教室として空調を用いた。

（4）原子力発電所事故対応について

　次に事故災害としての原子力発電所事故への対応である。全国的に原子力発電所が立地し，中には再稼働への動きも見られ，先の「第 2 次学校安全の推進に関する計画」でも UPZ 圏内（原子力災害が発生した場合において，影響の及ぶ可能性がある区域。原子力施設から概ね半径 5km から 30km 圏内）においては，原子力災害事故対応として，「避難訓練」や「マニュアルの作成」が促されている。しかし，原子力発電所事故はどのような原因によって生じるのかを理解してこれらの対応を実施する必要があるにもかかわらず，状況によって異なる避難の仕方も十分検討されているとは言えない現状である。これは，東日本大震災発生後の文科省が作成した参考資料やマニュアル以来の課題と言える。1F 事故がどのような原因によって生じたのかも十分知られていない。そのため，原子力発電所が稼働していなければ事故が発生しないと認識し，再稼働に強い抵抗を感じる住民が多い。しかし，再稼働をしていなくても，原子力発電所の存在そのものが，電力喪失等の原因によって，

冷却ができなくなると危険にさらされることを理解しておく必要がある。

　文科省は1F事故発生の2011年にはすぐに「放射線等に関する副読本」を刊行した。しかし，ここには放射線の性質や活用等が中心であり，1F事故については記載がなく，この批判もあった影響で2014年に改訂版が刊行された。改訂版では，小学校版，中・高校版とも1F事故と放射線の内容が2部構成として記載されるようになった。さらに2018年にも，小学校版と中・高等学校版が改訂されたが，これについて疑問視する市の教育委員会もあった。例えば，滋賀県野洲市教育委員会は，当副読本が小学生には難しすぎるとした。

　1F事故に関して，学校教育が無視できないのはいじめの発生にどう対応するかが問題になったことである。子供だけでなく，大人や社会においても福島県産の農作物等についての風評被害が発生した。しかし，これは今回の1F事故が最初ではない。2007年中越沖地震発生時においても東京電力柏崎刈羽原子力発電所から放射線が漏出した。結果的にその放射線量は多くはなかったが，その年の柏崎米の販売量や日本海側の魚の売り上げにも大きな影響を与えた。「風評被害に対してしっかりとした対応をしなければ大変なことになる」と「かしわざき市民活動センターまちから『中越沖地震メモリアル』」にも記録されているが，この時の教訓は1F事故後にどのように活かされたのか，現在検証中である。

　福島県教育委員会では，転校した子供達が放射線に関連して転校した時に，いじめに遭わないように，震災直後からすぐに放射線教育に取り組んだ。義務教育学校での放射線教育の実施率が震災翌年には100％に達した。確かに放射線に対する正しい知識の習得は不可欠である。しかし，いじめの問題は単純ではない。放射線に対する知識といじめへの対応を同じ次元で進めて行くのは無理がある。一方で放射線への偏見は大人にもある。正しく放射線を理解する等，学校だけでなく，地域の人達に対する科学的リテラシー育成も不可欠である。

　また，教育行政における原子力発電所事故への危機管理体制も不可欠である。災害対策について文科省は原子力災害も火災（火事災害）と同様に事故災害として取り扱い，自然災害と事故災害とに災害を2分している。原子力

災害にも自然災害同様に発生メカニズムの理解が知識として必要である。これまで，科学的に高度な内容については取扱いが避けられていることもあった。しかし，医療の現場ではインフォームドコンセントが一般的になっているのと同様に，専門家が一般の市民に対しても理解できるように説明し，市民も納得して同意したり同意しなかったりするなどの意思決定がなされる必要がある。そのための教育が現在求められている。

（5）地域と連携した学校の役割

　大きな自然災害が発生した時，物理的にも一定の強度を持つ学校は避難所となることが多い。大規模地震等と異なり，気象災害等では，早めの避難を促されることも多い。現在，学校はその避難場所としての重要な拠点である。しかし，鳥取県中部地震でも初めて避難所となることを経験した学校もあったが，学校を避難所とする場合，公民館等と異なって，冷暖房の不十分さ，板張りの上での寝食，プライベートの少ない空間等，構造上問題点が多いことが明確になった。体育館等で，どのように被災者が寛げるような空間をつくることができるのか，備蓄をどのように確保しておくのか，日常からの学校と地域との情報共有や連携が不可欠になりつつある。災害が発生した場合，学校を知っている教職員がすぐに駆け付けることができるかどうか，行政がすぐに避難所を開設することができるか。これらを考えると町内会長等が学校長から体育館の鍵の在り場所，備蓄品の準備等を相談しておくことが重要となる。地域の人にとっても，自分達の地域は自分達で守る意識がより求められる。

　学校の対応として，土砂災害についても同様な課題が存在する。行政の中でも根本的な課題に，部局間の情報共有，連携の問題点が挙げられる。2017年8月の広島土砂災害等を受け，中央防災会議「防災対策実行会議」の下，総合的な土砂災害対策検討ワーキンググループ（以下，WGと略記）及び火山防災対策推進WGが設置され，その取りまとめも公表された。しかし，各地域の一般行政に連絡・指示があったとしても，教育行政にどのように伝わっているのか不明である。さらに，地域と学校との新たな連携構築が求められながらも全国的にどのように改善されているのか疑わしい点も存在す

る。例えば，総合的な土砂災害対策検討 WG のとりまとめを見ても，まず地域住民が地域の土砂災害に関しての危険性を理解しておく必要がある。行政が危険性をすぐに地域に連絡をしても，住民が適切な行動をとることができなければ意味はない。

（6）ローカル人材及びグローバル人材の必要性

　地域の防災については，危険性を日常から知り，災害時には適切な行動がとれる人材の育成が不可欠である。前述の総合的な土砂災害対策検討 WG のとりまとめにおいても防災教育の重要性や人材育成の必要性が挙げられている。これからの防災・減災，復興教育の中で必要なのは，地域を知り自分や身近な人の命や財産を守る資質や能力を育成することは言うまでもない。特に少子高齢化が進む地方都市では，地域の特色を考え，地域の振興に貢献することができるローカル人材の育成の観点も不可欠である。

　同時に，防災教育のねらいの3番目にあるように「社会貢献，支援者の基盤」としての意識や行動力の育成も求められる。今後も国内で発生する可能性が高い自然災害について，自分自身が遭遇することは少ないかもしれない。しかし，隣接地域や国内での発生にどのように支援できるかも行政レベルでの検討が始まっている。都市間の「災害時応援協定」等は，その例である。次世代を見越して中学生同士の交流も見られる。

　場合によっては，防災・減災，復興への教育の取組は国内だけにとどまらないこともある。防災に関する国際的な日本の役割としては，2015年3月に開催された第3回国連防災世界会議等日本の防災に関する貢献がある。防災教育に関しても，防災教育国際交流フォーラム「仙台宣言」に示されたように，被災地域，被災懸念地域との連携がますます求められる。特に ESD と連動した防災教育の実践，展開は HFA 以来の日本の貢献と言える。つまり，この点でもグローバル人材の育成が不可欠であろう。

　しかし，日本の防災教育と海外，特に世界の自然災害による犠牲者数が90% 以上と言われるアジアの各地域との情報共有，取り組みが十分と言えないところがある。その最たるものが，2004年インド洋津波に関する防災教育の課題である。津波による死者・行方不明者が20万人を超えたこの災

害に対し，日本は津波に対する教材を被災地等に送付した。しかし，津波による被害は伝統的に日本でも大きな課題であった。他国の被害と言うより，日本でも備えとして東北地方太平洋沖地震の沿岸地域に対応できなかったのかと疑問は生じる。近年JICA（Japan International Cooperation Agency, 国際協力機構）等でも防災教育のようなソフト面の研修も多く見られるようになった。ただ，上で述べたようにJICAの海外支援の観点が国内にも活かされる必要性がある。

（7）学校防災に関する新たな解決策について

　今日のように教育をめぐる目まぐるしい動きの中で，学校と連動して直面する様々な防災・減災に関連した根本的な課題について整理しながら，どのような解決策，もしくは取組の観点があるのか，検討してみたい。

　まず，学校教育において教科の知識・技能の習得と防災・減災，復興への総合した取組が求められる。日本の行政は，教育についても取り扱う業務や内容が増えたり，組織が大きくなったりすれば，いわゆる「縦割り」にならざるを得ないところもある。文科省も学校安全担当部局が初中局に統合されたり，分離されたりした。いずれにしても，依然として教科等の教育課程を取扱う担当部署と学校安全を指示する部署は異なる。これは都道府県等の教育委員会でも同様であり，学校教育における総合化・体系化した防災教育が求められる中，整理される必要がある。

　東日本大震災の被災地では，平成25年度より文科省から研究開発学校の指定を受け防災教育を主題として取り組んだ学校も見られる。ここでは避難所運営や地域の復興への経験，教訓が自校化されたカリキュラムの構築等，先進的な姿勢が見られ，今求められているカリキュラムマネジメントの具体的な展開例を示したと捉えられる。この学校だけでなく，その成果は多くの学校のこれからの新たな取組に寄与することが期待される。

　繰り返して述べるように自然災害の対応には総合的な取組が不可欠である。今日，研究機関と行政機関との連動は進みつつある。教育に限っても，一般行政，学校行政，教育現場，教員養成・教員研修，さらには防災教育に携わる研究者の全国的な情報交換，連携協力を充実させるシステムの構築が

求められる。その方法として，多くの機関や所属の構成員からなる学会はそれなりの存在意義が認められる。忘れてはならないのは，学校教員の組織的な養成，研修システムの確立である。特に学校管理職に対する危機管理に関する研修等は学校経営とも関わって不可欠である。当然ながら，これまでも都道府県単位で学校防災に関する研修が実施されてきた。しかし，体系的な現職教員への研修も意味がある。各都道府県の教育大学・学部に設置された教職大学院は教育現場に根差した課題の解決へのアプローチが求められている。特に教職大学院には学校経営に関するコースも設置され，危機管理は不可欠となっている。今後の各地での教職大学院の展開を期待したい。

（8）今後の課題

本研究プロジェクトに関して，ここ数年の自然災害への学校を中心とした対応を概観してきた。阪神淡路大震災以降，文科省はじめ，各地域の教育行政も様々な取組をしてきたと言えるが，防災に関する問題は解決するどころか，年々課題は増加しつつあると言える。

ただ，自然災害に関する認識は，日本にとって，いつの時代も大きかったと言える。例えば，寺田寅彦（戦前の物理学者，随筆家，俳人）は，日本の自然災害について，今日でも示唆を与える重要な教訓を数多く残している。最後にそれらの言葉から，今日の状況を振り返ってみたい。

「天災は忘れられたる頃くる」。これは高知県の生家にも掲げられているが，厳密には，寺田寅彦の言葉ではなく，弟子の中谷宇吉郎がまとめたものであることは定説である。本稿で紹介したように，自然災害は近年忘れられる時間もなく頻発している。しかし，時間が経っていったり，地域的な距離感の中で忘れがちになったりするのは事実である。たとえ知識には残っていても，備えを怠っていれば同じことである。

「文明が進めば進むほど天然の暴威による災害がその激烈の度を増す」という言葉は，1F事故をはじめとして痛感することである。加えて寺田寅彦の言葉，「この世の地獄の出現は，歴史の教うるところから判断して決して単なる杞憂ではない。しかも安政年間には電信も鉄道も電力網も水道もなかったから幸いであったが，次に起こる「安政地震」には事情が全然ちがう

ということを忘れてはならない」は，まさに東日本大震災によって生じる被害を予想していたような感すらある。今後，新しい科学技術によって日常生活，社会生活が変容することに対しては，新たな危機管理が必要となる。

さらに「日本人を日本人にしたのは，学校でも文部省でもなくて，神代から今日まで根気よく続けられて来たこの災難教育であったかもしれない。(「災難論考」)」の記述は，忍耐力，勤勉性を伴った教育システムの成果とともに，防災教育への期待を記しているとすら捉えられる。もし，今，寺田寅彦が生きていれば，未曽有の東日本大震災は，日本人をさらに成長させる機会と考えられるのだろうか。

いずれにしても，学校教育における自然災害に関する防災・減災，復興教育は，今後の日本にとって様々な意味で，不可欠な取組であると考える。

文献

1）文科省：第2次学校安全の推進に関する計画（平成29年3月24日）。
2）藤岡達也：持続可能な社会と地域防災，学校防災—繰り返される自然災害の防災教育の現状と展望—，第四紀研究，55巻4号，175-183，2016，7。
3）防災教育交流国際フォーラム：レジリエントな社会構築と防災教育・地域防災力の向上を目指して，東北大学災害科学国際研究所，68-70，2015，3。
4）文科省：学校防災（地震・津波災害）マニュアル作成の手引き，文科省，1-50，2012，3。
5）文部科学省：「生きる力」を育む防災教育の展開文部科学省，1-223，2013，3。
6）内閣府：「避難準備情報」の名称変更について（平成28年12月26日公表）
7）藤岡達也：滋賀県における防災教育及び防災管理の展開と課題—これからの学校安全，学校危機管理をどのように捉え，取り扱うか—，滋賀大学教育学部附属教育実践センター紀要，25巻，65-70，2017，3。
8）藤岡達也：東日本大震災後の学校防災に関する教員研修の現状と課題，安全教育学研究，14巻2号，29-40，2015，3。
9）藤岡達也・佐藤健：国際的な動向を踏まえた日本の防災教育の現状と課題—阪神淡路大震災から東日本大震災及びそれ以降の展開を中心に，安全教育学研究，13巻，2号，19-25，2013，3。
10）見附市教育委員会：見附のESD〜ユネスコスクール全校登録の先に〜，見附市教育委員会，110，2016，8。

11）気象庁：顕著な災害を起こした自然現象の命名についての考え方（平成 16 年
　　3 月 15 日）。

12）藤岡達也：熊本地震に学ぶ学校の震災への備えと対応，教職研修，8，2016，8。

13）白石能章：岡山市消防局における緊急搬送の現状，日本安全教育学会第 18 回
　　岡山大会プログラム・予稿集，25，2017，9。

14）文科省：放射線等に関する副読本，2017。

15）福島県教育委員会：ふくしま放射線教育・防災教育指導資料，7-10，2017，3。

16）文部科学省：「生きる力」を育む防災教育の展開，文部科学省，1-223，2013，3。

17）藤岡達也：ポスト UNDESD（国連持続可能な開発のための教育の 10 年）に
　　おける防災教育―日本型環境教育構築の一つの観点として―，環境教育，24
　　巻 3 号，40-47，2015，3。

18）寺田寅彦：天災と国防，小宮豊隆編「寺田寅彦随筆集第五巻」岩波書店，
　　305p，1934。

佐藤真太郎

2 日本のナショナルカリキュラム（学習指導要領）と学校防災への影響
—戦後から近年までの学習指導要領を例にして—

「学習指導要領」とは，全国どこの学校でも一定水準の学力が保てるように，文部科学省が定めている教育課程（カリキュラム）の基準である（文部科学省）。これは，ほぼ10年ごとに改訂されるが，各時代の社会の変化を見据えて，子どもたちに必要な資質・能力が検討されている。

藤岡ほか（1999）では，戦後，自然災害は科学教育の中でどのように取り扱われてきたかを，概説した。ここでは，その後，東日本大震災を経た日本の防災教育の展開について，佐藤・藤岡（2020）で論じられた内容に加筆・修正し，発生した自然災害などと対比させながら，理科を中心に，現在に至るまで「学習指導要領」における「自然災害」の取り扱い方の変容を多様な観点から示し，2017，2018（平成29，30）年に告示された新学習指導要領での「自然災害」に関連した内容が，どのような背景から示されたのかを明らかにする。さらに，今後の学校防災への課題と期待についても言及する。

（1）学習指導要領の誕生後の自然災害に対する防災の取り扱い

1947（昭和22）年3月に学校教育法が施行され，それに伴い同年に「学習指導要領」の一般編，算数，社会科，家庭科，図画工作科，理科，音楽科，国語科が刊行された。翌年，昭和22年4月には体育編が刊行された。

1947年度学習指導要領理科編（試案）では，第1学年から第9学年までの内容が示されている。この学習指導要領理科編（試案）は，小・中学校共通で書かれているため，第1学年から第6学年までが「小学校」，第7学年から第9学年までが「中学校」である。

　小学校では，第１学年から第３学年までは「空と土の変化」という単元がある（当時は第１学年から教科としての「理科」が設置されていた）。箱庭で谷川を作って水を流し，石や砂の流れる様子を観察する活動や，いろいろな石を金槌で割ってみて，堅いのと軟らかいのとがあることを調べる活動など，自然の事物・現象に対しての体験活動を中心に内容が構成されている。第５学年では，雨量を測る工夫をすることや，風の強さや方向を測る仕かけを工夫して作ること，観察したことを記録に残したりする方法など「天気」に関する内容を学ぶ。第６学年「砂と石」では，土を水でゆすり，粘土と砂に分け，現れた砂を川の砂や石と比べてみる。そして川の砂や土のでき方を考えるなどの学習を行う。ここでは，自然の事物・現象についての性質を理解させるという教科理科のねらいに則って，自然災害に対する「防災」という観点での学習内容の記載はない。

　中学校では，第７学年で「風水害・かん害（旱害）・雪害・霜害などの防止対策について話しあう。」や「水害防止（治水工事・森林保護植林）について話しあう。」「噴火・地震・津波，地盤の隆起・沈降などによる災害について調べ，その防止対策について研究し，話しあいをする。」「家はどのようにしてできるのか」の項目で，「耐震構造の実験をする。」など，自然災害からの「防災」の観点を含む内容が取り入れられている。また「火山・温泉を実地について観察し，また絵・写真等によってその有様を調べる。なお地震についても書物を読み，経験のある人の話を聞き，また絵・写真等によって調べる。」や「噴火・地震・津波・こう水・山崩れなどに関する新聞雑誌記事・ラジオニュースなどを集めて整理する。」など，過去の災害の教訓を学習の中に取り入れる取り組みもある（国立教育政策研究所，2019a）。

　一方，1952（昭和27）年度に改訂された小学校学習指導要領には，「防災」の観点から捉えられた学習内容が見られる。理科で「天然の災害は，いろいろな方法で軽くすることができる。」や「大水の害を軽くするための堤防，排水」「津波の災害を軽くするための丈夫な建物や防波堤」「山津波や大水や日照りや風の害を防ぐ森林」など，中学校で扱っていた自然災害からの「防災」に関連した内容の一部が，小学校での学習内容になっている（国立教育政策研究所，2019b）。中学校学習指導要領には，第１学年で火山や地震につい

ての学習及び海岸の様子と地震津波災害との関係，第2学年で風水害と地震について及び郷土ではどんな防止の方法がとられているかを調べることとされ，自然災害の防災に関連のある内容が充実している。高等学校では，「地学」が新設される。これは，自然災害の軽減にどのように役立っているのかを知る内容となっている（国立教育政策研究所，2019c）。

1951（昭和26）年以前は，枕崎台風やカスリーン台風，1945年三河地震，昭和1948年福井地震など，数千人単位の死者を出した災害が発生している。小・中・高等学校の学習指導要領の内容に，「防災」を重視しようとする見方が生まれたのは，発生した自然災害に対する被害の影響があるのかもしれない。

（2）自然災害の「防災」に対する学習内容の変化

1958（昭和33）年に改訂された小学校学習指導要領では，「自然災害」の学習内容が「社会科」で導入され，理科での学習内容が減少した。5年生に「粘土の上に盛った砂に水をかけ，粘土の層が水を通しにくいことから，泉や井戸水は，雨水などが地中にしみこみ，地中の岩石や粘土の上にある砂などの中にたまった水であることを理解する。」など，「災害」からの防災を考えるうえで必要とされる内容は含まれるが，理科で「防災」に関係のある内容は，第6学年の「森林が大水・風・土砂くずれ・雪の害などを防ぐに役だつことから，植林や森林保護の必要を知る。」の内容だけとなった（国立教育政策研究所，2019d）。

この時，中学校学習指導要領では，第1分野，第2分野の2分野制が創設される。自然災害の「防災」に関係のある内容は2分野の第1学年に設定された。ここで，自然と人間生活との関連性について気付かせる内容，火山や地震などによって地表が変化すること，地震災害とその防止についてなどを学習することとなる（国立教育政策研究所，2019e）。

高等学校学習指導要領では，「地学」において「指導上の留意点」に，自然の災害と防止について，総合的に取り扱うことが記載されている（国立教育政策研究所，2019f）。

以上のことを踏まえると，小・中・高等学校で「自然災害」や「防災」に

関連した内容が縮小されて印象を受ける。

　1971（昭和46）年に施行された小学校学習指導要領では，自然災害に対する「防災」に関連した内容の取り扱いが，社会科では取り扱うものの，理科の中からは無くなる。小学校学習指導要領では，ここから，2002（平成14）年に施行された学習指導要領までは，「防災」に関連した内容が見られない。

　また，1971年に施行された小学校学習指導要領では，以前までの学習指導要領に比べ，防災を考える上で必要とされる内容も少なくなっている。例えば，1年生では「学校の近くの山・丘・池・川などを観察し，土地には高い所や低い所，水のたまっている所や流れている所などがあることに気づく。」などの内容項目がなくなっている（国立教育政策研究所，2019g）。

　中学校学習指導要領でも，第2分野で自然保護に関連した内容はあるが，自然災害や防災の内容は見られない（国立教育政策研究所，2019h）。

　高等学校学習指導要領においても，地学Ⅱで，郷土の地史，自然災害とその防止に配慮するにとどまっている（国立教育政策研究所，2019i）。

　この時期は，数千人単位での死者・行方不明者数を出していた時期と異なり，自然災害による被害が少なくなっていた。特に，学習指導要領が施行される昭和44年・45年は，気象庁が名称を定めた気象・地震・火山現象が一つも発生していない。これらのことも，学習指導要領の中に，「防災」の観点が縮小していった背景にあるのかもしれない。

　さらに，昭和55・56年に施行された学習指導要領では，小学校では5年生と6年生の理科の授業時数が，140時間から105時間に変更された（国立教育政策研究所，2019j）。中学校では，第1学年と第2学年で140時間から105時間に変更されており，それぞれ計70時間分の内容が削減された（国立教育政策研究所，2019k）。これらのことが影響し，自然災害の防災に関係があると考えられる自然の事物・現象についての学習時間も減少したものと考えられる。高等学校学習指導要領にも，「防災」や「自然災害」の内容は見られない（国立教育政策研究所，2019l）。

　1992（平成4）年に施行された小学校学習指導要領では，自然災害に関連があると考えられる内容は，3年生で「土は，場所によって手触りや水の滲

（し）み込み方に違いがあること（土と石）」など，4年生で，流れる水に関連した内容を，5年生で天気の変化について，6年生で「火山灰層」と関連して「火山」という言葉を学習することとなっている（文部省，1989a）。

中学校学習指導要領では，第2分野「大地の変化と地球」で火山と地震についての学習を行うが，「災害防止に対する関心を喚起することがねらいである。」と記載されていて，自然の現象面の理解を踏まえて災害に「関心を持たせる」ことに焦点を当てている。このことからも「防災」に関連した内容は重視されていないことがわかる（文部省，1989b）。

（3）自然災害の防災に対する内容の充実

2002（平成14）年に施行された小学校学習指導要領理科編には，「内容の改善」の箇所に「実感を伴う理解を図るため，ものづくりや自然災害に関する内容を充実した。」という内容が記載されている。ここに書かれている「自然災害に関する内容の充実」とは，5年生で「C 地球と宇宙」において台風と関連して，雨の降り方によって流れる水の働きが変化することを「自然災害」に着目しながら調べることや6年生で「火山」と「地震」のどちらか一つを選択し，「自然災害」と関連付けながら調べることが盛り込まれた点である（文部省，1999a）。

これは，この間に発生した平成7年（1995年）兵庫県南部地震による被害の影響を受けたものと考えられるが，以前と比較すると，さらに教科の学習内容が削除されたことが影響して，「自然災害」に関連した学習内容の充実を示してはいるものの，実際には，自然災害に関連した学習を行う時間は十分とは言えなかった。

2002（平成14）に施行された中学校学習指導要領では，中学校第1学年2分野（2）「大地の変化」において，火山と地震について学習する内容があるが，地震については，現象面を中心に取り上げることと明記されており「災害」については，第3学年2分野（7）「自然と人間」の中で，地域に顕著な災害について扱うことになっている。しかしながら「科学技術と人間」との選択になっているため，自然災害を学習しない生徒もいた（文部省，1999b）。

高等学校学習指導要領では，ここでも自然災害や防災の内容は見られない

（国立教育政策研究所，2019m）。

　2009（平成21）年に告示された小学校学習指導要領解説理科編では，OECD・PISA（経済協力開発機構による生徒の国際的な学習到達度）調査の結果などから得られた課題を踏まえた，理数教育の充実の影響を受けて，理科の授業時間数が増加することとなった。具体的には，5年生「流水の働き」では，川の上流，下流の様子や川原の石の違いについての内容が新設された。また「天気の変化」の学習では，「天気によって1日の気温の変化の仕方に違いがあること」の学習がなくなり，「雲の量や動きは，天気の変化と関係があること」の学習に変わった。6年生「土地のつくりと変化」の学習では，「火山」と「地震」の両方を学習することになった。さらに，「理科の改訂の趣旨」には，自然現象について観察，モデルなどを通して探究し，それを自然災害などの視点と関連付けて探究したりすることについての指導に重点を置いて内容を構成することが記載されており，従来までの現象面のみを取り扱う内容ではなく，人間生活との関連の中で，自然現象を捉える視点が示されている（文部科学省，2008a）。

　2008年に告示された中学校学習指導要領解説理科編では，OECD・PISA調査などの結果を踏まえた改善の基本方針の1つに「実社会・実生活との関連を重視する内容を充実する」とあり，その具体例として，第1分野の「科学技術と人間」，第2分野の「自然と人間」が示されている。中学校でも，従来の自然の事物・現象面だけでなく「人間と自然の関わり方」という観点から自然災害を考察し，防災に繋げる学習の方向性が示されている。また，1998年に告示された中学校学習指導要領解説理科編で一部選択であった，第1分野「科学技術と人間」と第2分野「自然と人間（自然の恵みと災害）」が必修化され，第1・第2分野共通の指導内容として「自然環境の保全と科学技術の利用」として統合し，中学校3年生で学習する内容とした。これにより，全ての中学生が「自然災害」について学習することとなった（文部科学省，2008b）。

　高等学校では，新科目「科学と人間生活」が新設され，その中で，流水や地震，火山活動と自然景観の関連性について学習する内容に触れたり，「地学基礎」において，地震等の予測や防災を扱うなど，自然災害や防災に関連

した学習内容が増設された（国立教育政策研究所，2019n）。

　発生した「自然災害」の観点から，1998（平成10）年に告示された中学校学習指導要領解説理科編と2008年に告示された中学校学習指導要領解説理科編を比較すると，「防災」という言葉を使用した箇所が1カ所から3カ所に増加している。1995年兵庫県南部地震発生後に改訂された学習指導要領解説理科編でさえ，「防災」の記述が1カ所であったのに対し，3カ所に増加した背景には，発生した自然災害だけではなく，OECD・PISA調査の結果が影響し，総合的な見方を育てる学習へと発展する内容として「自然災害」が求められたことに起因していると考えられる。

　2011（平成23）年東北地方太平洋沖地震による影響から，平成30年に告示された学習指導要領には，さらに防災」に関連した内容が充実する。

　2018（平成30）年に告示された小学校学習指導要領では，第4学年に「雨水の行方と地面の様子」が新設された（文部科学省，2018a）。1971（昭和46）年に施行された小学校学習指導要領で削除された「学校の近くの山・丘・池・川などを観察し，土地には高い所や低い所，水のたまっている所や流れている所などがあることに気づく。」などの内容が再び見られることとなり「災害」に関連した学習内容が増えた。また，第1章総則に「災害」という言葉が使われる。「カリキュラム・マネジメント」の実現を目指すことが求められたことに起因し，理科を含めた教科や教科外の内容を関連付けた総合的な取り組みとして「自然災害の防災」を見る視点が明確に示されることとなった。第5学年「流れる水の働きと土地の変化」と第6学年「土地のつくりと変化」の内容の取り扱いにおいては「自然災害についても触れること。」と記載され，人間生活との関連の中で，自然現象を捉える視点が強調されている（文部科学省，2018b）。

　さらに，平成29年に告示された，小学校学習指導要領解説総則編の付録には，カリキュラム・マネジメントの参考とするために「防災を含む安全に関する教育（現代的な諸課題に関する教科等横断的な教育内容）」が記載された（文部科学省，2018d）。

　しかしながら，保健体育には「けがを防止するためには，危険の予測や回避の方法を考え，それらを表現すること」とあり，社会科では「災害の種類

や発生の位置や時期，防災対策などに着目して，国土の自然災害の状況を捉え，自然条件との関連を考え，表現すること」とある。一方で，理科では，例えば，第5学年B（3）で「雨の降り方によって，流れる水の速さや量は変わり，増水によって土地の様子が大きく変化する場合があること」について「自然災害についても触れること」と記載されるも，短い期間や限られた空間で発生する自然の事物・現象の働きや規則性を人間生活との関連の中で捉えることから，危険の予測や回避の方法，自然災害の状況を捉え，自然条件との関連を考えたりする学習内容と重複する。

2017（平成29）年に告示された中学校学習指導要領解説理科編では，改善・充実した主な内容として「全学年で自然災害に関する内容を扱うこと」とした。具体的には，第1・第2分野共通の指導内容として中学校第3学年「自然環境の保全と科学技術の利用」の内容が，中学校第1学年「自然の恵みと火山災害・地震災害」と中学校第2学年「自然の恵みと気象災害」に分けて実施され，中学校第3学年では「生物と環境（地域の自然災害）」が実施された。従来は「地震」や「火山」についての現象面を中心に扱い，他に「地域の自然災害」だけを扱っていたが，「地震」「火山」「気象」の自然現象のメカニズムとそれに伴う災害と恩恵の二面性を人間生活と関連付けて学習する内容に変更された（文部科学省，2018c）。このことから，中学校においても，人間生活との関連の中で，自然現象を捉える視点が，さらに明確にされていると言える。

また，カリキュラム・マネジメントを踏まえて，自然災害に対する防災を考える視点も強調され，平成29年に告示された中学校学習指導要領解説総則編においても「防災を含む安全に関する教育（現代的な諸課題に関する教科等横断的な教育内容）」が記載された。しかしながら，理科で，地震災害や火山災害について，人間生活と関連付けながら調べたりする学習内容は，社会科で学習する日本の地形や気候，国土の特色，自然災害と防災への取り組みなどを基にして，日本の自然環境に関する特色を理解したり，保健体育で，自然災害による危険を予測し，その回避の方法を考えるなどの学習内容と重複する部分も見られる。

（4）今後の学校防災への期待

　平成 23 年（2011）東北地方太平洋沖地震による影響からも，学校現場に求められる自然災害に関連する取り組み内容は多岐にわたっている。さらに，ESD（持続可能な開発のための教育）や国連防災世界会議など，国際的な動向を踏まえて「持続可能な社会を築く」という目的の中で，自然災害の防災という視点が明確にされていると言える。

　また，先述したように，学習指導要領においては，OECD・PISA 調査における「科学的リテラシー」を育成するという視点が，理科教育における自然災害の内容においても影響を与えており，人間生活との関連性の中で，自然災害を捉えるという視点が一般化されつつある。

　これらの現状から，今後の学校防災に期待することについて述べる。

　現在，理科教育の中で行われている自然災害による防災教育の内容は，従来の自然現象のメカニズムから捉えるなどの自然の事物・現象のみを取扱ってきた内容から，人間生活との関連性を重視した内容に広がりを見せており，保健体育や社会科で学習していた，自然災害への備えや災害を防ぐ社会の仕組みなどの内容と重なる部分が多く，理科や保健体育，社会などにおける自然災害の取り扱い方が十分に連動されているとは言えない。また，平成 30 年に実施された，全国学力・学習状況調査の結果を踏まえると，実験の結果で得た事象について，考えることなく，既存の自然現象による知識をそのまま再生して，災害発生時の状況に当てはめることの危険性も指摘されている（鳴川，2019）。これらのことからも，「カリキュラム・マネジメント」の視点を通した教育課程において，「安全に関する資質・能力」について，理科，社会科，保健体育などの教科，教科外において，それぞれどのような資質・能力を培うのかを，明確にしていくことが必要である。

　さらに，現在，学校教育現場では防災教育だけでなく，人権教育や環境教育，安全教育，自然体験教育など教科教育以外で行う「〇〇教育」が数多く存在する。いずれも社会的な課題解決のために重要な内容である。しかし「〇〇教育」の多さが教員の多忙感にも繋がっているとも考えられる。その点からも「カリキュラム・マネジメント」を意識した防災教育の視点で教育課程を見直すことにより，これからの時代に必要な育成すべき力の共通性が

見出せることが期待できる。

　他に，文部科学省で災害安全を担当していた部局と教育課程の基準などを担当していた部局が異なっていたため，教科における学習内容と災害安全の取り組みの繋がりが具体的に示されていないことも課題としてあげられる。

　2015（平成 27）年から 2018 年 10 月までに初等中等教育局が進めてきた学校教育における「災害安全」のねらいや評価と文部科学省スポーツ・青少年局が進め，現在，総合政策教育局男女共同参画共生社会学習・安全課が行っている学校教育における「災害安全」の方向性がずれていたため，学校教育において行う「災害安全」に関わる教育の方向性が混相し，教育現場に戸惑いが見られる。これは教育行政上の限界であるために，理科教育学から統合的なアプローチが必要である。具体的な例を示すと，理科授業において，科学的な根拠に基づき，避難訓練の避難経路を考えるなど，理科などの教科と災害安全を繋げた授業実践例を数多く積み上げることが期待される。

　また，国際的な動向を踏まえると，国連の「持続可能な社会を築く」という目的の中で，自然災害の防災教育は SDGs（持続可能な開発目標）を見据えた ESD を進める上で，取り組むべき課題であり，SDGs や ESD のねらいに即した，自然災害の防災教育を理科教育でも取り扱うことも必要だろう。

　以上が，今後の学校防災に期待する内容と言える。

文献

気象庁（2018）「気象庁が名称を定めた気象・地震・火山現象一覧」Retrieved from https://www.jma.go.jp/jma/kishou/know/meishou/meishou_ichiran.html（accessed 2019.05.10）

国立教育政策研究所（2019a）『学習指導要領データベース昭和 22 年度学習指導要領理科編（試案）』Retrieved from https://www.nier.go.jp/guideline/s22ejn/index.htm（accessed 2020.01.18）

国立教育政策研究所（2019b）『学習指導要領データベース小学校学習指導要領理科編（試案）昭和 27 年（1952）改訂版』Retrieved from https://www.nier.go.jp/guideline/s27en/index.htm（accessed 2010.01.18）

国立教育政策研究所（2019c）『学習指導要領データベース中学校・高等学校学習指導要領理科編（試案）昭和 26 年（1951）改訂版』Retrieved from https://

www.nier.go.jp/guideline/s26jhn/index.htm（accessed 2010.01.18）

国立教育政策研究所（2019d）『学習指導要領データベース小学校学習指導要領昭和 33 年改訂』Retrieved from https://www.nier.go.jp/guideline/s33e/index.htm（accessed 2010.01.18）

国立教育政策研究所（2019e）『学習指導要領データベース中学校学習指導要領昭和 33 年（1958）改訂版』Retrieved from https://www.nier.go.jp/guideline/s33j/index.htm（accessed 2010.01.18）

国立教育政策研究所（2019f）『学習指導要領データベース高等学校学習指導要領（文部省告示）』Retrieved from https://www.nier.go.jp/guideline/s35h/index.htm（accessed 2010.01.18）

国立教育政策研究所（2019g）『学習指導要領データベース小学校学習指導要領　付　学校教育法施行規則（抄）昭和 43 年 7 月』Retrieved from https://www.nier.go.jp/guideline/s43e/index.htm（accessed 2010.01.18）

国立教育政策研究所（2019h）『学習指導要領データベース中学校学習指導要領　付　学校教育法施行規則（抄）昭和 44 年 4 月』Retrieved from https://www.nier.go.jp/guideline/s44j/index.htm（accessed 2010.01.18）

国立教育政策研究所（2019i）『学習指導要領データベース高等学校学習指導要領　付　学校教育法施行規則（抄）昭和 45 年 10 月』Retrieved from https://www.nier.go.jp/guideline/s45h/index.htm（accessed 2010.01.18）

国立教育政策研究所（2019j）『学習指導要領データベース小学校学習指導要領　付　学校教育法施行規則（抄）昭和 52 年 7 月』Retrieved from https://www.nier.go.jp/guideline/s52e/index.htm（accessed 2010.01.18）

国立教育政策研究所（2019k）『学習指導要領データベース中学校学習指導要領　付　学校教育法施行規則（抄）昭和 52 年 7 月』Retrieved from https://www.nier.go.jp/guideline/s52j/index.htm（accessed 2010.01.18）

国立教育政策研究所（2019l）『学習指導要領データベース高等学校学習指導要領昭和 53 年（1978）改訂版』Retrieved from https://www.nier.go.jp/guideline/s53h/index.htm　（accessed 2010.01.18）

国立教育政策研究所（2019m）『学習指導要領データベース高等学校学習指導要領　付　学校教育法施行規則（抄）平成 11 年 3 月』Retrieved from https://www.nier.go.jp/guideline/h10h/index.htm（accessed 2010.01.18）

国立教育政策研究所（2019n）『学習指導要領データベース高等学校学習指導要領平成 21 年 3 月』Retrieved from https://www.nier.go.jp/guideline/h20h/index.htm（accessed 2010.01.18）

文部省（1989a）『小学校指導書理科編』教育出版株式会社，1-116.

文部省（1989b）『中学校指導書理科編』学校図書株式会社，99.

文部省（1999a）『小学校学習指導要領解説理科編』東洋館出版社，8.

文部省（1999b）『中学校学習指導要領解説理科編』大日本図書，1-164.

文部科学省（2008a）『小学校学習指導要領解説理科編』大日本図書，52.

文部科学省（2008b）『中学校学習指導要領解説理科編』大日本図書，1-133.

文部科学省（2018a）『小学校学習指導要領』東洋館出版社，1-263.

文部科学省（2018b）『小学校学習指導要領解説理科編』東洋館出版社，72，90.

文部科学省（2018c）『中学校学習指導要領解説理科編』学校図書，13.

文部科学省（2018d）『小学校学習指導要領解説総則編』学校図書，244-249.

鳴川哲也（2019）「自然災害との関連を図った理科の指導の在り方」『初等教育資料』
　　第 981 号，160-163.

佐藤真太郎・藤岡達也（2020）「近年の理科教育における自然災害の取扱いの現状
　　と課題―平成に発生した自然災害と学習指導要領改訂等から捉えた理科教育へ
　　の影響―」『理科教育学研究』（印刷中）

３ 台湾光復中学校地震遺構 （921地震教育園区）と減災教育

村田　守

（1）はじめに

　古来恐ろしいものは，地震・雷・火事・親父であった。予測できない理不尽なものが恐れられ，4件のうち2件が自然災害であった。現在の自然災害には，台風・雷・集中豪雨のように災害がリアルタイムで予測できるものもあれば，土石流・地滑り・火山噴火のように因果関係からある程度予測できるものもある。一方，地震は他の自然災害に比べ予測が困難で，災害が突然生じ，その被害は甚大である。そのため心身のケアを含めて総合的な減災教育が必要である。

　日本は地震大国と言っても，一生に大規模地震を体験しない人も多い。また，被災体験を見聞きするだけでは，地震災害の凄まじさを実感できず，減災教育や減災対策にも積極的に取り組まない。そこで，被害者の心情を慮り，賛否両論あるが，地震遺構を残し，そこで破壊のエネルギーの凄まじさを体感し，地震災害の記憶が薄れないよう地震減災教育を行うことは，ビデオ等の視聴に比べて比較にならない臨場感で地震について考える契機になるであろう。

　本報告では，アクセス・保存状態ともに良い地震遺構である921地震教育園区について述べる。ここは，断層直上で甚大な被害を受けた光復中学校校舎（図1）や運動場の破壊状況が保存され，教育関係者なら一度は訪れたい。なお，隣接する復興小学校に被害はなかった。

図1　光復中学校校舎（撮影：村田　守）

（2）地震とは

　岩石が破壊された際に断層が生じ，その震動が波として四方八方に伝わる
のが，地震である。地震は，プレート同士の境界部分で発生するプレート境
界型地震，大陸プレートの内部や表層部で発生する内陸地殻内地震，海洋プ
レートで発生する地震，火山性地震に4大別される。その中で私たちに被害
を及ぼすのは，関東大震災（関東地震）や東日本大震災（東北地方太平洋沖
地震）等を引き起こしたプレート境界型地震と，阪神淡路大震災（兵庫県南
部地震）や熊本地震等を引き起こした内陸地殻内地震である。

　プレート境界型地震は，海洋プレートの沈み込む速度に応じて周期的に発
生する。マグニチュードは大きいが，震源は海溝周辺の地下40km程度と居
住地域から遠い。断層の変位が海底に現れた場合は津波が発生する。一方
の内陸地殻内地震は，沈み込む海洋プレートの圧縮力がプレート境界から
数100km内陸部までに及び，内陸地殻の構成岩石が破壊された際に生じる。
そのため，発生に周期性は認められない。マグニチュードは小さくても，震
源が10km程度と浅く，且つ居住地域の直下なために，地震波の減衰は少な
く，被害が大きい。

（3）台湾の地震

　台湾本島は南北約394km・東西約144kmであり，九州程度の大きさである。台湾中央部には南北に3000m級の脊梁山脈が連なる。脊梁山脈の西部はなだらかであるが，東部は急峻で台東地溝帯となり太平洋に接する。台湾西部はユーラシアプレート，東部はフィリピン海プレートに属し，両者の実質的な境界は台東地溝帯と考えられている（瀬野，1985，1994）。そのためマグニチュード7以上の大地震が頻発し，20世紀だけでも，1935年にはマグニチュード7.1の新竹・台中地震，1941年にはマグニチュード7.1の嘉義地震，1964年にはマグニチュード7.0の台南白河地震，1991年にはマグニチュード7.6の921地震（台湾大地震）が台中・台南の150km程度の狭い地域で発生した。

（4）台湾地震の特異性

　東北日本では，軽い大陸プレートの北米プレートに重い海洋プレートの太平洋プレートが沈み込み，境界は日本海溝である。西南日本では，北部の軽い大陸プレートのユーラシアプレートに南部の重い海洋プレートのフィリピン海プレートが沈み込み，その境界は南海トラフである。どちらも大陸の下にも海洋プレートが沈み込み，その境界部の海溝・トラフ周辺でプレート境界型地震が周期的に起こり，内陸の浅所で内陸地殻内地震が発生するという，極めてオーソドックスな地震発生機構である。

　台湾の地震の多くは，プレート境界の台東地溝帯から東方沖で発生しているが，これらの被害はそれほど大きくはない。台湾西部のユーラシアプレート内には，プレート境界面からの圧縮力が及ぶため，地下浅所で時々地震が発生し，断層はしばしば地表に達している。そのために，台湾の地震は一見すると，太平洋側でプレート境界型地震が内陸側で内陸地殻内地震が発生しているように見えるが，発生機構は日本のそれとは異なっている。台湾を構成するプレートは西南日本と同じであるが，沈み込むプレートが逆で，西部のユーラシアプレートが重い海洋プレートに変質し，東部のフィリピン海プレートに沈み込み，プレートの境界面は東に向かって深くなっている（瀬野，1985，1994）。さらに，両者の間には軽いルソン島弧が挟み込まれ，島弧・

大陸衝突型のテクトニクスを呈している。つまり，プレートの沈み込む角度が，西南日本～琉球までと台湾とで逆向きになっている。そのために，台湾西部で発生する浅発地震（直下型地震）は単純に内陸地殻内地震と片付けることはできず，プレート境界型地震の性格が強い（瀬野，1994）。

（5）921 地震教育園区

1．921 地震

　1999 年 9 月 21 日午前 1 時 47 分 18 秒に台湾中部の南投県集集鎮付近（北緯 23.85 度・東経 120.7 度）の地下 8km を震源とするモーメントマグニチュード 7.6 の浅発地震が生じた。死者 2,415 人，行方不明 29 人，負傷者 11,305 人を数え，台湾では 20 世紀最大の地震被害となり，921 地震と呼ばれている。921 地震後，地表に露出した断層を車籠埔（Chelungpu）断層と呼ぶが，分布等取り扱いに未だ諸説があるようだ。

　台中市霧峰区光復新村の光復中学校は北西に延びる断層の直上に位置し，校舎・運動場は壊滅的な被害を受けた。しかし，隣接する復興小学校に被害はなく，移転せず現在も校舎を使用していることから，921 地震は地表付近では内陸地殻内地震の性質が強かったと考えて良さそうである。

2．921 地震教育園区

　921 地震教育園区は，壊滅的な被害を受けた光復中学校跡地に震災跡の保存と防災意識の啓蒙を目的として国立自然科学博物館により建設・運営が行なわれている。跡地保存博物館の 4 つの目的，（1）地球科学及び地震知識の普及，（2）921 地震の共同記憶の保存，（3）国民に防災と救済の意識を植え付ける，（4）国内外の地震科学研究の成果を展示する教育センターとする，を実現するため車籠埔断層保存館が 2004 年 9 月 21 日に完成，その後地震工学教育館・損壊教室エリア・映像館・防災教育館及び再建記録館等が 2007年 9 月に完成した（図 2）。展示内容は地震科学に関する内容の他に，防災教育施設を併設していることから，社会教育機関として利用され，台湾全土の小学校の社会見学コースの 1 つとなっている。

　アクセスは容易である。台湾鉄道台中駅前の統聯客運バス停 50 から，50番 921 地震教育園区行き表示のバスに乗車，約 50 分で終点到着。36 元（65

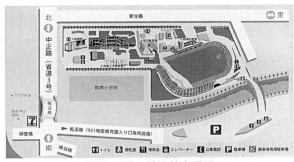

図2　921地震教育園区

才以上半額）。他のバスを利用する場合は，台中客運100・107・6871，統聯客運59で，坑口里（光復新村）下車，徒歩15分。台湾高速路（新幹線）利用の場合は，台中駅下車，統聯客運151副線にて坑口里（光復新村）下車，徒歩15分。

　川（乾渓）の対岸の駐車場からチケット販売所までの橋には，床2ヶ所に，地震計の記録が拡大表示されている。これは中央気象局提供の日月潭自由地盤強震動観測地点で観測された東西向き地震計の波形図である。日月潭は本教育区の南東約30km に位置する。

　入館料は50元（65才以上半額）。なお，チケット販売所で日本人かと聞かれたので，そうだと答えたら無料にしてくれた。以下，順路に従って，車籠埔断層保存館・地震工学教育館・損壊教室エリア・映像館・防災教育館及び再建記録館の順に略説しよう。

3．車籠埔断層保存館

　車籠埔断層は運動場から正門を経て新生路まで約340m 地表に露出した。このうち運動場の400m トラックの第1コーナから第2コーナにかけて露出した断層崖に屋根を覆い，これに平行になるように保存館が作られている（第3図）。

　保存館を入ると，第4紀砂礫層を切る車籠埔断層の断面のはぎ取り標本が展示されている。その前で小中学生を対象とした地震防災学習が行われる（第4図）。講師の後ろに左下から右中程にかけて黄土色の約30cm 幅の断層粘土が見られる。

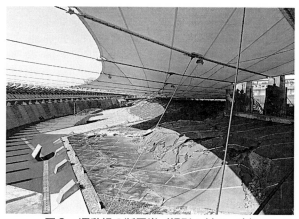

図3　運動場の断層崖（撮影：村田　守）
400m トラックの第1コーナから第2コーナにかけて露出。

図4　車籠埔断層の断面のはぎ取り標本前での地震防災学習（撮影：村田　守）
講師の後ろに左下から右中程にかけて黄土色の約30cm幅の断層粘土が見られる。

　保存館の北東側は全面ガラス張りであり，室内から断層崖が一望でき，外に出ることも出来るので，陸上トラックのアンツーカが南西側に傾いた断層崖を間近に見ることができる（図3）。掲示板には南西方向に3m 移動（図から判断して左横ずれ）とあるが，水平方向の変位はあまり顕著ではなく，上

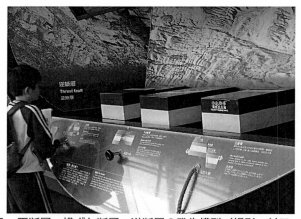

図5　正断層・横ずれ断層・逆断層の発生模型（撮影：村田　守）

下方向に 2m 近くの変位があり，圧縮場にもかかわらず，正断層を呈する。防災学習を終えた児童・教員は蜘蛛の子を散らすように博物館探訪に出かけるが，誰一人外に出るのはおろか，歩みを止めて断層崖を観察することはない。断層は観察地点（図4）だけにあり，実際には 400m トラックに見られる断層がさらに続いていることは理解できないようだ。これは日本でも同様で，地層の観察等でも同様に起こる地学学習における共通した最大の問題点である。観察対象を（同時代）面としての連続性に気付かず，その場限りの点として捉えてしまうのは，生物の野外観察の影響が大きいのであろう。

　保存館の南西側は展示スペースになっている。台湾の震源や活断層の分布図をはじめ，地質学や地震学の展示がある。児童に人気があるのは，正断層・横ずれ断層・逆断層の発生模型である（第5図）。手前の棒を動かすと奥にあるブロックが動き断層を形成する。右端の正断層は棒を手前に引くのであるが，引っぱりすぎて棒がロープに代わっている。児童はブロックが動くことに関心はあるが，断層面に対してブロックがどのように動くかには興味がなさそうだ。それ以外の展示物に足を止める児童は，ほとんどいないようだ。この保存館の展示は大人向けで，小学生には難しすぎるようだ。

4．地震工学教育館

　車籠埔断層保存館を抜け，損壊校舎（第6図）を通り抜けると，地震工学

図６　補強展示される損壊校舎（撮影：村田　守）

図７　「授業中静かに」の掲示（撮影：村田　守）

教育館に達する。損壊校舎はむき出しになった鉄筋の柱・レンガの壁や教室内部が，鉄骨やガラスで補強され，保存されている。この校舎から 30m ほど離れたところに復興小学校の校舎がある。隣接しているが，この小学校には地震の被害がなく，現在も使用されている。見学児童が損壊校舎に驚嘆の声を上げるのか，「授業中静かに」の掲示がある（図7）。この掲示は 921 地震の被害は大きかったけれど，震源が 8km と浅く，被害は極めて限定的で

図8　地震工学教育館内の損壊した校舎の柱（撮影：村田　守）

床には 20cm 程度の断層崖が保存されている。北側（左）が南側に比べ高くなっている。

あったことを示している。復興小学校とは反対側の中庭には傾いた給水塔を残す損壊した校舎も残されている。地面は当時の破損状態のまま残っているが，保護用の屋根はない。

　地震工学教育館は損壊した校舎跡に建てられている。損壊した校舎の柱が中庭側（北側）に残され，南側には耐震設計等に関する展示がある。両者の間の床には 20cm 程度の段差が見られ，北側が南側に比べ高くなっている（図8）。この床に残されている段差は，断層崖であり，図3や図4の変位量に比べて小さくなっている。残念なことに，保存された断層崖の落差には何の説明もないので，入館者は損壊した柱の列を見上げるばかりで，床には注目しない。せいぜい，床には段差があるから気をつけてと言うぐらいで，ガラス越しに見える崩壊した3階建て校舎（損壊教室エリア）に興味が既に移っている。

５．損壊教室エリア

　東西に延びた3階建校舎が正面玄関棟で連結している。損傷は両側の校舎に認められるが，損傷の程度は玄関棟から離れるにつれて小さくなっている。しかし，東西に延びた校舎の全容は保持している。教室と玄関棟の構造が異なるために，両者の固有震動周期が異なり，接合部を中心に損傷が激しい（図

図9　光復中学校正面玄関と校舎（撮影：村田　守）
教室と玄関棟の構造が異なり，固有震動周期が異なる接合部を中心に損傷が激しい。

9）。

　既に4. 台湾地震の特異性で述べたように，台湾西部の浅発地震（直下型地震）は単純に内陸地殻内地震と片付けることはできず，プレート境界型の性格が強い（瀬野，1994）とされている。校舎の損傷から，921 地震はプレート境界型地震か内陸地殻内地震のどちらの性格が強かったのか，検討しよう。

　プレート境界型の地震の場合，損傷を与えるのは地震波のS波（横波）である。これは，進行方向に垂直な面内を震動しながら進む。光復中学校の校舎全体の構造が保持されていることから判断して，校舎に平行，東西方向にS波の震動があったと考えられ，震動方向から震源は南と推定される。本教育区の位置は北緯 24.2 度・東経 120.4 度であり，震源は北緯 23.85 度・東経 120.7 度である。地震波のS波（横波）は，進行方向に垂直な面内を震動しながら進むので，南方で発生した地震のS波は東西方向に震動しながら北上した為に，光復中学校の校舎は東西に揺れ，固有震動数の異なる玄関棟との連結部に損傷が集中したと解釈できる。しかし，隣接する復興小学校に損傷がなかったことの説明は難しい。

　一方，内陸地殻内地震の場合は，震源が近いため乱反射や減衰が少なく，震源断層に直交する波や焦点効果等波の性格により，被害の状況が異なって

くる。損傷を与えるのは周期が1秒以上の長周期パルス波である。これは，震源断層に垂直な方向に震動し，断層近傍ではその指向性によって地震が振幅の大きな長周期パルス波となり，大きな被害をもたらす（纐纈，1996）。

　長周期パルス波は断層の走向に依存し，断層の周辺や延長上に限って起こる。今，車籠埔断層の走向を見てみると，北北西を示している（図2）。これに対して直交するのは東北東，ほぼ東西である。長周期パルス波が東西方向に震動することで，光復中学校の校舎は東西に揺れ，固有震動数の異なる玄関棟との連結部に損傷が集中したと解釈できる。しかし，隣接する復興小学校に損傷がなかった。この原因として，震源断層から約10kmの範囲では，最大加速度や速度はほとんど断層からの距離に依存せず，むしろ地盤条件によって大きく変わること（入倉，1996）が考えられる。光復中学校は，丘陵を背に乾渓の川原，河川堆積物上に立地している。丘陵を構成する基盤から堆積物を伝搬してきた波と地表近くで両者の境界から2次的に生成され堆積物を水平に伝搬する波，この2つの波の干渉により，損傷の違いが出たのであろう。これは，阪神・淡路大震災時での震災の帯（入倉，1996）と同じである。損傷は車籠埔断層周辺に限られていたことから判断して，921地震はプレート境界型地震よりも内陸地殻内地震の性格が強かったと言えるであろう。

　なお，車籠埔断層直上で長周期パルス波の直撃を受けたとはいえ，ここまで損傷が大きかったのは，光復中学校の教室は柱が少なく，壁は筋交いのないレンガ積みのため，強度が無かったのであろう。これは，（4）で記した損壊校舎（図6）も同様であった。

6．映像館

　各地の被災の様子から救助・復興支援までの様子が展示されている。地学的内容ではなく，社会学的な展示になっている。また，シアターとして，大地（3D）シアターと地震体験シアターがある。入館時は小学校団体向けの短編映画を上映していた。

7．防災教育館

　地震から一変して，水害の防災が展示されている。内容はファンタジーや西遊記を用いているが，訪れる小学生は稀である。この防災教育館を出ると

広大な校庭・運動場に抜けることができる。児童の管理上の問題も起こるので，校外学習は本教育園区の西半分に限られているのであろう。

　防災教育館は，断層の北側，相対的に上昇した側にある。ここから，運動場の400mトラックの第1コーナに出ることができる。この辺りが，断層の変位量が最も大きい。残念なことに，断層崖保存用屋根の土台のために，横ずれ部分が見えにくくなっている。

8．再建記録館

　921地震後の復興への政府・団体・組織の取り組みの成果と資料が展示されている。921地震教育園区内にあるが，展示物の性格上，再建記念館は無料で見学できる。

（6）おわりに

　台湾西部で発生する浅発地震（直下型地震）は単純に内陸地殻内地震と片付けることはできず，プレート境界型地震の性格が強い（瀬野，1994）と考えられてきた。しかし，921地震教育園区の車籠埔断層周辺の校舎の損傷から判断して，921地震は長周期パルス波による損傷，つまり内陸地殻内地震の性格が強く，阪神・淡路大震災との類似性があると思われる。

　阪神・淡路大震災時の断層を保存している施設として，野島断層保存館がある。これは，阪神・淡路大震災時に地表に露出した野島断層を140mにわたり室内保存したものである。921地震教育園区の断層が屋外でむき出しの状態に比べれば，保存状況は良い。周辺は，北淡震災記念公園として整備され，野島断層は国の天然記念物になっている。野島断層記念館は，921地震教育園区に比べこぢんまりとしている。開館の1998年の来場者数は282万6千人であったが，その後の来場者数は減少を続け，東日本大震災等多くの地震があったにもかかわらず，2013年には16万4400人となった（藤川ら，2015）。2018年度は13万6千人で，減少傾向に歯止めはかかっていない。2013年の校外学習で野島断層記念館を訪れたのは384校（藤川ら，2015）であり，平日当り2校程度である。

　一方，921地震教育園区は，その駐車場のバスの掲示板から判断すると，台湾全土の小学校が校外学習として訪問している。台湾は九州程度の大きさ

であるので，全土から校外学習の利用が容易なのかもしれない。滞在時間は2〜3時間と長くはなく，展示内容も小学生向きではないものの，損壊校舎を見て，地震のエネルギーのすさまじさを感じ，地震への備えの大切さを理解できるであろう。

　断層の変位を見て地震の被害を思い浮かべることができる人は少ないであろう。しかし，堅牢であると思っていた建物の凄まじい損傷を目の当たりにすると，地震被害を思い浮かべ易いであろう。この体験が地震減災意識の向上に果たす役割は大きく，地震遺構の保存・展示は行ったほうが良いであろう。また，小学校の校外学習に積極的に取り入れることも必要であろう。

引用文献

藤川将平・村田　守・足立奈津子・小澤大成・香西　武・西村　宏（2015）20 年後の野島断層．学校防災研究プロジェクト編，生きる力を育む学校防災 III，268-277.

入倉孝次郎（1996）"震災の帯"をもたらした強震動．科学，66，86-92.

纐纈一起（1996）カリフォルニアの被害地震と兵庫県南部地震．科学，66，93-97.

瀬野徹三（1985）台湾の地震の謎．科学，55，62-64.

瀬野徹三（1994）台湾付近のテクトニクス．地震，46，461-477.

4　ドイツの中等地理学習における防災学習の特徴
―カリキュラムと教科書の検討から―

阪上　弘彬

（1）はじめに

　度重なる自然災害の発生を受けて，教科指導においても防災を扱う重要性が増してきた。例えば，東日本大震災以降，地震や津波などの自然災害をもたらす自然現象だけでなく，減災や復興に向けた個々人や社会の取組といった内容も我が国の中等地理学習で扱われるようになってきた。また2018年版高等学校学習指導要領の地理歴史科の中で必修科目「地理総合」が新設され，そこでは防災に焦点を当てた大項目「C. 防災と持続可能な社会の構築」が設定された。さらに新学習指導要領では資質・能力（コンピテンシー）の育成が重要な課題として掲げられた。新学習指導要領の中等地理における防災学習では「災害時に適切な避難行動がとれるような判断力の育成だけではなく，自然地理学的内容を学習することにより，習得した知識やスキルを活用して自然災害による被災を避けるためにはどのような場所に住むのがよいのかということや，災害時にはどのような避難行動をとれば安全なのかなどについて考え，判断し，行動することができる能力・スキルの育成を図る」（由井，2018，pp.2-3）ことが目指されている。つまり自然現象を扱うことにとどまらず，学習者が災害時の避難や日常生活に関わる防災・減災の資質・能力を獲得することが求められている。

　ところで自然災害や防災に関する学習は日本固有のものではない。直面する自然災害の種類は違うものの，地球上で暮らす限り，どの国・地域においても自然災害に対する備えは避けて通れない。言い換えれば，防災学習は世界中のどの国・地域でも取組まれ，同時に国・地域によってその在り方も多

様である[1]。本稿は，ドイツの中等地理学習における防災学習の特徴を紹介することを目的とする。ドイツは 2000 年代よりコンピテンシー育成に向けたカリキュラムや教科書の改訂，授業づくりが進み，また日本と同様に中等地理学習の自然地理学的内容の中に自然災害に関する内容が位置づけられていることが多い。以下では，ドイツの教育政策・地理教育の動向を整理したのちに，日本の社会科の構造に近い教科を設定するラインラント＝プファルツ州（Rheinland-Pfalz, RP）を事例に，カリキュラムと教科書での防災に関連する単元を分析し，防災学習の特徴を示す。

（2）ドイツの教育制度・動向と地理教育の概要

1．教育制度・動向

　連邦制を採用するドイツでは，16 州それぞれに日本の学習指導要領に相当するカリキュラムの策定や教科書検定実施の有無などの教育政策に関する権限が付与されている。また初等教育は日本とは異なり 4 年間であり，中等教育は三分岐型のシステムが採用され，進学する学校種によって就学年数が異なる[2]。加えて，教育課程における教科の位置づけや名称も州ごとに異なっており，場合によっては同一州内であっても学校種によって名称が異なる場合もある[3]。

　ドイツでは 2000 年の PISA における学力不振の判明（通称，PISA ショック）を契機に，教育改革がなされた[4]。教育改革の 1 つが授業の質保証を目的に導入された「教育スタンダード（Bildungsstandards）」であり，そこでは学習者がある学年の修了時において獲得すべきコンピテンシーが示されている。また吉田（2016）の研究からは，すべての州における初等および中等教育段階でコンピテンシーの概念が導入されていることが明らかにされ，コンピテンシー志向の授業づくりが展開する状況にある。

2．地理教育の概要

　PISA ショック以降，地理でもドイツ地理学会（Deutsche Gesellschaft für Geogrpahie 以下，DGfG）が主導し，中等教育地理向けの『ドイツ地理教育スタンダード（*Bildungsstandards im FachGeographie für den Mittleren Schulabschluss*）』が開発された[5]。『ドイツ地理教育スタンダード』

は，学会が開発したため法的拘束力をもたないが，法的拘束力を有する各州の地理カリキュラムに対して一定の影響を与えている（Hemmer, 2012）。

　中等地理学習の目標は，「地球上のさまざまな空間における自然状況と社会的活動間にある関連に対する認識およびそれにもとづく空間に関連した行動コンピテンシーの育成」である（DGfG, 2017, S.5）。言い換えれば，既存の空間の認識を踏まえ，空間の現状や形成について判断し，よりよい空間（社会）を目指して取組むための空間形成能力を育成するものである（服部, 2007）。

　またドイツでは，日本の地学に相当する教科目が教育課程上に存在していない。しかしながら，惑星地球や地質，岩石等をはじめとする地学に関連する学習内容は，地理の学習内容として位置づけられていることが多い。また『ドイツ地理教育スタンダード』のコンピテンシー領域[6]「教科専門」には，「惑星としての地球を記述する能力[7]」が設定されている。つまりドイツの地理は，地球科学の内容を学ぶ中心的な教科目でもある（DGfG, 2017, S.6）。

（3）ラインラント＝プファルツ州カリキュラム社会科学科地理分野にみる防災学習の視点

1．ラインラント＝プファルツ州における地理の概要

　RP州では，地理，歴史，ゾチアルクンデ[8]の3分野から構成される社会科学科（Sozialwissenschafteliche Fächer）が，中等教育段階における全学校種で採用されている。また社会科学科カリキュラムでは，地理，歴史，ゾチアルクンデそれぞれで育成する教科専門のコンピテンシーだけでなく，3分野で共通して育む横断的なコンピテンシー（汎用的コンピテンシー）やESD（持続可能な開発のための教育）に関連する形成能力（Gestaltungskompetenz），社会科学科の究極目標である民主主義コンピテンシーといったコンピテンシーが設定されている[9]。

　RP州の地理学習の目標は，社会科学科カリキュラムによれば，「省察的で，責任感に基づいた，そして空間に関連した行動能力を育む」ことである（Ministerium für Bildung, Wissenschaft, Weiterbildung und Kultur, 2016, S.26）。なおカリキュラムでは，政治教育，経済教育，消費者教育，ESDといっ

た領域横断的な学習テーマが提示され，これらに対する地理の貢献点や取組の視点は提示されているが，防災に関する学習テーマは示されてはいない。

2．地理に関連した防災の学習目標とコンピテンシー

社会科学科カリキュラム全体では防災学習に対する直接的な言及はみられないが，地理分野の学習領域[10]（Lernfeld）において，自然災害をもたらす自然現象や防災に関する学習が設定されている。ここでは，これらを主として学ぶ2つの学習領域「内的営力が空間を変化させる（Endogene Naturkräfte verändern Räume)」および「外的営力が空間を変化させる（Exgene Naturkräfte verändern Räume)」を取り上げ，学習を通じて育成を目指す防災に関するコンピテンシーを整理する。

学習領域「内的営力が空間を変化させる」は，15時間から構成される（Ministerium für Bildung, Wissenschaft, Weiterbildung und Kultur, 2016, S.58）。表1は，本学習領域に関する主要な問い，コンピテンシー，学習内容等を整理したものである。

表中の「主となる問い／主要概念」をみると，内的営力によって形成される代表的な大地形や自然現象そのものを学習するのではなく，大地形や自然現象によって人々が受ける恩恵と被害，人々はいかにこれらを考慮しながら生活をしているのか，を考えることを目指した学習領域であることがわかる。

上述の学習目標のもとで，生徒に獲得させたい4種類のコンピテンシー（教科専門，方法コンピテンシー，コミュニケーションコンピテンシー，判断コンピテンシー）および内容と方法が結びつく1つのコンピテンシー（空間定位）が設定されている。獲得させたいコンピテンシーの内容から読み取れるように，学習内容は火山，地震，津波といった自然災害の原因となる自然現象が中心となっている。

また学習方法に関する方法論的提案では，実地調査やプロジェクトの発表など生徒が主体的に活動するものが提示されている。なお防災に関連するものとして，避難計画を評価・構想するというものが示されている。

次に学習領域「外的営力が空間を変化させる」を紹介する。本学習領域は15時間から構成され（Ministerium für Bildung, Wissenschaft, Weiterbildung und Kultur, 2016, S.60），授業を構成するための主要な問い，

表1　学習領域「内的営力が空間を変化させる」の概要

主要な問い／主要概念		内容―方法的提案とこれに結びつくコンピテンシー
■人々にとって危険な地球の空間はどこにあるのか。 ■内的営力とどのような可能性とリスクが結びついているのか。 ■人々はこれらとともにどのように暮らしているのか。		空間定位 ■RO1　地誌的知識の蓄積：プレート境界の名称を挙げ，位置を特定する ■RO2　空間的位置関係：プレートテクトニクスの位置関係としての環太平洋火山帯を記述する ■RO3　地図コンピテンシー：地震と火山活動地域に関する主題図を評価する ■RO5　空間認知と空間構築：メディアに示された自然現象や自然災害を地震あるいは火山のある地域から空間的に場所を特定し，表現方法に関して判断し，メンタルマップを作成する
コンピテンシー	内容	
学習者は獲得する 教科専門： 火山活動と地震の分布，発生，影響を説明し，人々の生活と経済に対する内的営力の可能性とリスクを判断する。 方法コンピテンシー： 火山の種類，地殻といった断面図を描き，様々な縮尺の主題図を評価する。[M4，M7] コミュニケーションコンピテンシー： モデルや地図を言葉で表現し，その際に地質時代を受け取り手にわかるように具体的に説明する。[K3，K5] 判断コンピテンシー： リスクのある空間で生活し，経営するために，何が人々にとって意義があるのかを認識し，評価する。[U4，U6]	基本： ■噴火活動―形態と分布 ■火山地域での生活と経済 ■大陸移動からプレートテクトニクスまで ■地震の発生 発展： ■津波 ■ホットスポット 深化： ■地熱	方法論的提案 ■ホットスポットとしてのハワイといった火山噴火に関する調査を実施し，省察する［K7，K9］ ■インターネットで火山に関するヴァーチャルな野外調査を行い，評価する［M2］ ■授業で鉱物や岩石採取をする［M5］ ■例えば，上部ライン地溝帯で地熱に関する事例研究をする［M2］ ■地質時代の年表を作り，説明する［M7，K3］ ■避難計画を評価あるいは構想する［M2，M8］ ■ロールプレイングを実施し，例えばLaacher湖の利用に関する論争といった小さなプロジェクトを発表する［M8，K7］
基本概念		関連するほかの学習領域
内的営力，地震，地質時代，地質，大陸移動，プレートテクトニクス，地殻，風化，火山		地理 ■I.1　RP州とドイツの地誌，I.2　農業，I.4　観光と保養空間 ■I.5　原料と生産
		歴史 ■火山地域における生活設計の事例としてのポンペイ（I.3）

資料：Ministerium für Bildung, Wissenschaft, Weiterbildung und Kultur（2016, S.58-59）を筆者邦訳・一部修正。

表2 学習領域「外的営力が空間を変化させる」の概要

主要な問い／主要概念		内容—方法的提案とこれに結びつくコンピテンシー
■外的営力によってどのような地形が形成されるのか。 ■人々にとってどのような可能性とリスクが生じるのか。 ■人々はこれらとどのようにつきあっているのか。		空間定位 ■RO1 地誌的知識の蓄積：ライン川の位置的特徴を挙げる ■RO2 空間的位置関係：河川の地域区分におけるライン川とその流域を記述する ■RO3 洪水地域に関する主題図を評価し，今日のライン川の地図と昔の地図を比較する ■RO5 空間認知と空間構築：例えば河川沿いの自転車専用道路に関する観光地図やパンフレットを分析する
コンピテンシー	内容	
学習者は獲得する 教科専門： 水の形成作用および河川のある地域の利用可能性を説明し，利益と損害を考慮して，人々の介入の結果を調べる。 方法コンピテンシー： 水の形成作用の調査を実施し，これを評価する。[M2，M5，M9] コミュニケーションコンピテンシー： 専門概念を活用して，地形とその活用の発展を言葉で表現する。[K3，K1] 判断コンピテンシー： 例えば今日の洪水現象に対する報道を批判的に省察する。[U3]	基本： ■例えばライン川の流域区分および谷の形成 ■空間の事例に基づいて，河川のある地域の多種多様な活用可能性 ■洪水による脅威と洪水対策 発展： ■転移：外的営力としての風 深化： ■氷河 ■海岸の形成と護岸 ■カルスト地形の形成	方法論的提案 ■マインドマップを手掛かりに外的営力に関する専門概念を体系化し，説明する [M4，M5，K5] ■断面図を描く [M4，M5，M6] ■例えば今日の洪水現象や暴風に関する書類やポートフォリオを作成する [M2，M4] ■例えば，砂，礫，堆積岩のような岩石採取をする [M2，M3] ■写真を手掛かりに，「河川での生活」という物語を語る [K5] ■例えば，洪水の波の速度や重なり合い，瓶の中の竜巻に関する簡単な実験をして，評価する [M2，M9] ■例えば，堤防のモデルを作成する [M7]
基本概念		関連するほかの学習領域
侵食，外的営力，河川，洪水対策，河川の蛇行，復元，堆積，谷		地理 ■I．1 RP州とドイツの地誌 ■I．4 観光と保養空間 ■III．2 空間計画の可能性 　　　　歴史 ■作られた文化空間としての上部ライン（I．3—古代） ■自然的環境とつき合う人々（I．3．1）

資料：Ministerium für Bildung, Wissenschaft, Weiterbildung und Kultur（2016, S.60-61）を筆者邦訳・一部修正。

コンピテンシー，学習内容等は表2に示すとおりである。

　表中の「主となる問い／主要概念」をみると，外的営力（河川の作用，風化など）によって形成される小地形に加えて，外的営力によって人々が受けうる恩恵と被害，そして人々はどのように対処しているのか，を考えることを目指した学習領域であることがわかる。獲得させたいコンピテンシーは，水や河川，洪水に関連した内容をベースにしたものである。また学習内容は主として河川の作用によって形成される地形，谷や海岸，氷河，カルスト地形といった小地形が中心となっている。さらにRP州にはライン川が流れていることから，学習で登場する河川は主としてライン川であり，洪水の被害地域や関連する地名にはライン川沿いの都市（例えば，コブレンツやケルン，インゲルハイム）が扱われている。

　また学習方法に関する方法論的提案では，いくつかの自然災害に関するポートフォリオの作成，堤防のモデル作成といったものが，防災に関連するものである。

（4）ラインラント＝プファルツ州用地理教科書 *TERRA Erdkunde Gymnasium* における防災に関連する学習単元とその指導過程

1．中等教育ギムナジウム用地理教科書 *TERRA Erdkunde Gymnasium* の概要と防災に関連する単元

　RP州では2020年現在，教科書検定が実施されている。本稿で紹介する中等教育ギムナジウム用地理教科書 *TERRA Erdkunde Gymnasium*（以下，*TERRA*）は検定を通過し，州教育省が提示する教材カタログに掲載されている [11]。ここではまず *TERRA* の概要について紹介する。

　TERRA は3巻から構成され（図1），第1巻は第5／6学年，第2巻目は第7／8学年，第3巻は9／10学年にそれぞれ対応している。

　また教科書の単元は大きく5種類のページから構成されている [12]。1つが，単元テーマに関連する「導入ページ」，2つが内容を説明した本文や図表などが提示された「学習活動ページ」，3つが学習方法を説明した「学習方法ページ」，4つが獲得したコンピテンシーの定着や応用ための練習問題が提示さ

図1　RP 州中等地理教科書 *TERRA*

注：左から順に第1巻，第2巻，第3巻。

れた「練習問題ページ」，そして5つがテーマを「深める学習ページ」である。加えて，テーマに関連した地誌的内容を説明したページも単元によっては設定される。さらに「学習活動」，「学習方法ページ」，「深める学習ページ」には，コンピテンシーを獲得させるために生徒が主体となって取組む質の異なる学習課題が設定されている。

　前項で示した2つの学習領域に対応する学習単元は，第7/8学年を対象とした第2巻に所収されている[13]。学習領域「外的営力が空間を変化させる」は *TERRA* でも同様の単元名であるが，学習領域「内的営力が空間を変化させる」は，*TERRA* では「内的営力が地球を変化させる（Endogene Naturkräfte verändern die Erde）」と微妙に単元名が異なる。各単元の全体構成は表3および表4に示すとおりである。

　単元「内的営力が地球を変化させる」では，小単元1および2で地球の歴史（地質時代）と岩石の形成や種類を学ぶことから始まる。次に小単元3～10では，本単元の主題である「内的営力」を直接取り扱う。具体的に小単元3～5では火山，小単元6～8では地震，小単元9では大陸移動説やプレートテクトニクスであり，小単元10は火山，地震，プレートの分布を示した地図を例に，主題図の読み方や分布の表現，内容の説明や評価をする方法を

表3　単元「内的営力が地球を変化させる」の構成

小単元名	ページの種類	内容レベル	主な学習内容
1．地球内部への旅	学習活動	基本	地球の歴史（地質時代）
2．もし石がしゃべったなら	学習活動	基本	岩石の形成とその種類
3．断面図を描く	学習方法	基本	断面図の作成方法
4．地球が動くとき，…	学習活動	基本	火山噴火，火山の形成
5．湖は静かで，じっとしている？	学習活動	基本	休火山
6．大地が震える	学習活動	基本／発展	地震と津波の発生
7．地震のある地域で暮らし，生き延びる	学習活動	基本	地震のある地域での暮らし
8．原因の推測	学習活動	基本	地殻，地震波
9．動くプレート	学習活動	基本／発展	大陸移動，プレートテクトニクス
10．主題図を評価する	学習方法	基本	地震と火山の分布，主題図
11．ライン地溝帯における地熱	学習活動	深化	地熱発電
12．火山とともに生きる	学習活動	基本	火山の利用と観光
13．トレーニング	練習問題	―	―
14．君のために	深める学習	―	プレート境界，プレートテクトニクス

注：表中網掛けは，地震に関連する学習を扱う小単元。
資料：Wilhelmi（2015, S.56-85）および「題材配置計画」（注13参照）をもとに筆者作成。

学ぶ。つまり，ここでは火山や地震，プレートテクトニクスの仕組みや地域に与える被害（影響）を学ぶことが主となる。小単元11および12は，火山や地熱と人々の暮らしとのつながりやその活用の具体を扱うものである。そして小単元13では，本単元に関連するコンピテンシーを定着・活用するための練習問題，小単元14では火形噴火や地震の発生，大地形の形成に関わるプレートテクトニクスをより深く学ぶ課題が設定されている。

　単元「外的営力が空間を変化させる」では，はじめに小単元1および2において外的営力の概要や土壌侵食を調査する方法が示される。続く小単元3〜13では，水，氷，波（風）という外的営力に着目して，地形の形成や自

表4 単元「外的営力が空間を変化させる」の構成

小単元名	ページの種類	学習内容レベル	主となる学習内容
1．押され，折り畳まれ，割れ，滑らかに	学習活動	基本	外的営力
2．調査と実験	学習方法	基本	土壌侵食に関する調査と実験方法
3．河川の作用	学習活動	基本	河川の作用（侵食，運搬，堆積）
4．危険なライン川	学習活動	基本	ライン川の氾濫の歴史
5．洪水地帯に再び緊張が走る	学習活動	基本	洪水と水の管理
6．世界遺産ライン渓谷中流上部	学習活動	基本	ライン渓谷中流上部
7．氷河—氷の流れ	学習活動	深化	氷河
8．氷河期の痕跡	学習活動	深化	氷河地形の形成
9．中級山岳地帯における氷河期—周氷河地形	学習活動	深化	周氷河地形
10．河川はどこにあるの？	学習活動	深化	カルスト地形
11．景観を読む	学習活動	発展／深化	氷河地形（氷河湖，モレーン）
12．バルト海海岸の途中で	学習活動	深化	海岸の形成
13．北海とバルト海の護岸	学習活動	深化	護岸
14．竜巻とハリケーン	学習活動	発展	竜巻，ハリケーン
15．世界中の自然災害	地誌的内容	基本	世界で発生した自然災害
16．トレーニング	練習問題	—	
17．君のために	深める学習	基本	洪水の原因と対応策

注：表中網掛けは，洪水に関連する学習を扱う小単元。
資料：Wilhelmi（2015, S.88-121）および「題材配置計画」（注13参照）をもとに
　　　筆者作成。

然現象の発生メカニズム，人々への影響が学習内容として示される。具体的
に，小単元3〜6は水に焦点化し，ライン川を事例に，河川の作用（侵食，
堆積，運搬），洪水という自然現象，ライン川沿いに形成された景観（世界
遺産であるライン渓谷中流上部）について学習する。小単元7〜9，11では
氷河地形の形成が扱われている。小単元10では水の侵食によって形成され
るカルスト地形，小単元12および13では波による海岸の形成と侵食に対す
る対策が示されている。小単元14では気象現象である竜巻およびハリケー

ンが扱われ，それぞれの発生条件などについて学ぶ。小単元 15 では世界各地の自然災害に関する統計資料や発生場所の分布図，1980 年からの災害種別の発生数を示したグラフなどを用いた学習課題，小単元 16 では本単元に関連したコンピテンシーを定着・活用するための練習問題が設定される。最後の小単元 17 では，洪水の原因と影響の関係性や対策をより深く学ぶ課題が設定されている。

２．地震に関連した防災学習の指導過程

　ここでは，地震に関連した学習を扱う 3 つの小単元を取り上げ，その学習の過程を整理する（表5）。

　小単元「6. 大地が震える」では，2011 年 3 月 11 日に東日本で発生した地震および津波が学習内容として扱われる。小単元に設定された学習活動に着目すると，①では地震の発生の仕組みについて生徒に理解させ，②および③では東北地方太平洋沖地震の際に地震を起こしたプレートの動きや避難が困難であった理由を説明させるものである。また④および⑤は，地震の二次災害である津波について，その発生メカニズム，津波警報システムの警報の仕組みを説明させるものである。つまり，本小単元では，主として生徒が地震や津波の発生メカニズムを説明できるようになることが目指されている。

　小単元「7. 地震のある地域で暮らし，生き延びる」は，地震が起きる地域で暮らすための工夫あるいは災害発生時に生き延びるための考え方を生徒に考えさせることを目指すものであり，また生徒が課題を選択して取組むものである。選択課題 1 は，建物の建築方法（ハード面）と個人の行動（ソフト面）という視点から対策を考える課題であり，①では建築方法の特徴（揺れ方の違い）を考え，②では地震発生時における個人の行動を考えさせたり，③では地震対策ができるのが特定の立場の人だけなのかを判断させたりする学習課題が設定されている。選択課題 2 では，災害時における救援・支援を題材に，①においては救援部隊導入の流れを確認したり，③では災害ボランティアの必要性を考えさせたりする課題が設定されている。

　小単元「8. 地球の地殻の構造」は，地震の発生の背景にある地球の地殻の構造を生徒が説明できることを目指すものである。そのため，学習課題として，②や③では地殻の構造や地震に関連する専門用語（震央と震源）を説

表5　地震に関連した小単元の学習活動

小単元名	見出し	学習活動	資料
大地が震える	・地震はどうやって起こるの？ ・地震は予知できるの？ ・危険なのは地震だけ？	①地震の発生について記述しなさい。その際に，出来事の順番をよく考えなさい。 ②地図5を使って，東日本の前にあるプレートがどのように動くかを説明しなさい。 ③2011年3月11日の地震の場合，なぜ避難がほとんどできなかったのかを説明しなさい。 発展 ④津波の発生について説明しなさい。 ⑤信頼できる警報を出すために，津波警報システムではどのような変化を監視しなければならないか，説明しなさい。	資料1：東北地方太平洋沖地震の震源を示した地図（日本とその周辺国が示されている） 資料2：津波によって流され，家屋（民宿）に乗った観光船の写真 資料3：地震に遭遇した人の報告記事 資料4：津波の発生メカニズムを示した図 資料5：アジア太平洋地域におけるプレートや自然災害（火山，地震，台風など）の発生場所（分布）を示した地図
地震のある地域で暮らし，生き延びる	・選択課題1：建築方法の工夫	①図1中の建物の揺れ方を記述しなさい。 ②教室で地震があった場合の正しい行動を説明しなさい。 ③「あらかじめ地震対策ができるのは，金持ちだだけだ。」という内容に対して，立場を明らかにしなさい。	資料1：地震でも安全な建築方式（共振するように補強，伸縮性のある建築素材，伸縮性のある柱）を示した図 資料2：地震の際の行動ルール（地震以前，地震の最中，地震後）を示した文章
	・選択課題2：災害支援	①フローチャートを描いて，救援部隊の動員の流れを記述しなさい。 ②「私たちはまず利用可能なすべての手段を使って生き残ろうとしている」。これが具体的にどのようなことを意味しているか，説明しなさい。 ③救助活動におけるボランティア活動者の重要性を判断する。	資料1：災害時における救援活動を説明した文章（災害救援，救助の流れ，飲み水の確保，災害救助犬） 資料2：移動式飲み水浄化装置の作業の流れを示した図
原因の推測	・地球の地殻の構造	①地震計測が地球内部の調査にどのくらい貢献しているのかを説明しなさい。 ②本文と図4の資料を用いて，地球の地殻の構造を説明しなさい。 ③震央と震源を説明しなさい。 ④オセアニアと大陸地域における地殻の構造を比較しなさい。 ⑤地球の地殻構造をモデルで表現しなさい。	資料1：揺れの波の伝播を調査する生徒の写真 資料2：地震波の伝播（地球の表面，内部を通った）と揺れの大きさを示した図 資料3：地震計のイラスト 資料4：地球の地殻の構造のモデル図 資料5：地震の影響範囲（震源，震央，振動地域）のモデル図

資料：Wilhelmi（2015, S.66-71）をもとに筆者作成。

明させたり，④では地球の異なる地点（オセアニアと大陸）における地殻の構成の違いを比較して答えさせたりするものが設定されている。

　以上から地震に関連する学習は，事例学習（ケース・スタディ）による地震や津波の発生メカニズムの認識，災害前・災害中・災害後における防災や災害支援の在り方の認識・判断，そして地震の規模や範囲に影響を与える地球の地殻構造の認識，という流れで展開している。

３．洪水に関連した防災学習の指導過程

　次に洪水を扱った３つの小単元を取り上げ，その概要を紹介する（表6）。

　小単元「4．危険なライン川」では，過去（1800年頃）から今日に至るまでのライン川に対する人々の介入（直線化，拡充，改修）の歴史が学習内容として扱われる。学習活動の①および②は，ライン川に関する基本的な知識を確認するものであり，主たる学習活動は③〜⑥である。③は河川の直線化，拡充，改修という人々の介入の利点と欠点を比較し，確認させ，④は河川の直線化と水の流れの速さの因果関係を説明させるものである。また⑤は人々の介入の理由を説明させるものであり，⑥は人々がライン川に介入するこの是非を判断するものである。まとめると本小単元は，人々が自然に干渉することの是非に関する価値の判断力を，ライン川を事例に育成することを目指したものである。

　小単元「5．洪水地帯に再び緊張が走る」では洪水を題材に，水収支の視点から洪水の原因や結果，そしてその対策を考えさせることを目指した学習が展開される。水収支に関して，学習活動の②では森と田畑による保水力の違いを，③では河川における上流と下流の関係性に着目させて洪水の発生の原因を説明させている。④〜⑥では，洪水の対策について考えさせるものであり，④では現在の対策（調整池や氾濫原の存在）について説明させ，⑤では対策案を提案，⑥ではさらに長期的な視点から対策を考えさせる学習課題が設定されている。

　小単元「17．君のために」では，洪水に関する２つの課題が設定されている。１つは洪水に関連する事象について，結果と原因の関係から，個々の事象のつながりを認識するためのものであり，もう１つは洪水の対策案としてのポルダーの影響（効果）を説明し，評価するためのものである。前者の課

表6　洪水に関連した小単元の学習活動

小単元名	見出し	学習活動	資料
危険なライン川	・ライン川の直線化 ・上部ライン川の拡充 ・ライン川の改修	①地図帳を使って活動をしなさい。ドイツ国内でライン川が流れている景観を挙げなさい。 ②地図3を使って上部ラインの昔と今の流れを記述しなさい。 ③2つの班で活動しなさい。ライン川の直線化，ライン川の改修，ライン川の拡充のそれぞれの利点と欠点を表で比較しなさい。 ④より短くなったライン川と水の流れる速度の間にある関係を説明しなさい ⑤イッフェツハイムのダムの北では，特別な貨物船で砂利と玉石が繰り返しライン川に運ばれている。これがなぜ必要なのかを説明しなさい。 ⑥「ライン川の拡充は，人間が自然を支配できることを示してきた」。この内容を判断しなさい。	資料1：1840年頃のイシュタイナークロッツ周辺におけるライン川の様子を描いたイラスト 資料2：バーデンの技術者：Johann Gottfried Tulla のイラスト 資料3：カールスルーエの北における昔のライン川の流れを示した図 資料4：ダムと運河のあるブライザッハのそばの上部ライン川の写真 資料5：ヴェルトの北における水位が低下した際にみられる河岸水制の写真
洪水地帯に再び緊張が走る	・水収支への介入	①河川の氾濫の結果を表現しなさい。 ②大雨の際の森の作用の仕方を説明し，これを田畑（図3）と比較しなさい。 ③河川の改修（例えば，ライン川上流），とりわけ河川の運河開削（例えば，モーゼル川）と下流にある都市（例えば，コブレンツ）における洪水との間にある関係性を説明しなさい。 ④洪水対策： 　a）調整池の活用と機能を説明しなさい。 　b）例えば，ライン川の氾濫原の重要性を説明しなさい。 ⑤コブレンツ市の当局は常に河川の水があふれることを見越している。住民と建物を守れる可能性があり，必要な対策を作成しなさい。 ⑥長期的に河川の洪水の危険性を減らすことができる他の対策を提案しなさい。	資料1：コブレンツの2003年時の洪水時と通常時のライン川の状態を示した2枚の写真 資料2：自然の景観における水収支と人間によって作り変えられた景観における水収支の図 資料3：森の緩衝機能（保水）を説明した文章，土地活用の違いによる水の流れ（保水）を説明した図 資料4：調整池の図

| 君のために | ・洪水に関する個々の現象間のつながりの認識 | ①影響構造（130 と 131 ページ）を用いて洪水の原因と結果を説明しなさい。
　a) 言葉が書いてあるカードに示された概念を説明しなさい。概念が説明できないときは，92 から 97 ページをもう一度見て確かめなさい。
　b) 概念カードを原因と結果に従って並べなさい。
　c) カード間のつながりを説明する矢印を記入して，カードをつなげなさい。
②河川の景観に対する人々の介入を 3 つの賛成根拠，3 つの反対根拠を使って，評価しなさい。 | 資料 1：影響構造の概念カード（19 枚のカードそれぞれに洪水に関連する概念が書き込まれている） |
| | ・洪水対策の評価 | ①以下の新聞の見出しの間にある関係性を説明しなさい：「インゲルハイムのコウノトリ」と「ケルンの旧市街は将来，洪水の被害を受けずに済むだろう」
②ライン川における持続可能な洪水対策の拡充を評価しなさい。 | 資料 1：2003 年 1 月 5 日に発生したケルンでの洪水の写真
資料 2：2013 年 6 月 4 日に撮影したインゲルハイムのポルダー
資料 3：洪水対策におけるインゲルハイムのポルダーの役割を説明した文章 |

資料：Wilhelmi（2015, S.94-97, 120-121）をもとに筆者作成。

題では，まず①で洪水の原因と結果に関わる概念の確認，原因と結果の関係の認識，そして事象間のつながりを作成することにより，洪水という自然現象の全体像を生徒に認識させている。そのうえで，人々が河川の景観に介入することを利点と欠点の側面から 3 点挙げさせ，判断させている。一方後者の課題では，①では一見すると関連性がみられない 2 つの事象（「コウノトリの存在」と「ケルン市の旧市街における洪水被害減少の見通し」）がポルダーを介してつながることを考えさせ，②では現在の社会で実施されている実際の洪水の対策を評価するものとなっている。

　以上から洪水に関する学習は，ライン川やライン川沿いの都市を事例として，河川に対する人々の介入の歴史の把握とその判断，洪水発生の背景にある水収支や河川の上流と下流の関係の認識，現在実施されている洪水対策の判断および長期的な視点からの対策の提案，という流れで学習が展開する。

（5）おわりに

　本稿はドイツの中等地理学習に着目し，防災学習の特徴をカリキュラム，教科書の検討を通じて紹介した。

　ドイツでは日本と同様に自然災害の原因となる地震や火山活動，洪水といった自然現象に関する学習内容は，自然地理的内容の中で扱われている。しかしながら，自然現象の発生メカニズムを学ぶことが学習の中心ではない。自然災害というリスクに対して人々はどのように対処すべきなのか，という視点から，自然災害の原因となる自然現象の特徴や原因の認識を踏まえたうえで，現在の対応策の判断や今後の個人や社会がすべき対応策の検討・提案を学習するような展開になっていた。また事例学習の方法が用いられており，地震および津波では東北地方太平洋沖地震，洪水ではライン川の氾濫といった過去の自然災害が事例として活用されていた。具体的な場所や地域が学習者に示されることで，自然災害の被害状況やその原因を認識したり，対策案の評価や提案の仕方をより具体的に考えさせたりする工夫がなされている。

　学習内容としての自然現象の位置づけやコンピテンシー志向の授業づくりが求められていることなど，ドイツの地理学習は日本の地理学習と似た点を有している。当然ながら，本稿で紹介した防災学習の考え方や方法等をそのまま日本に取り入れることは難しい。しかし日本の地理学習における防災学習のあり方を考えるにあたっては参考になるものであろう。

注

1 ）海外の地理教育の防災学習を調査した研究に，イギリスを取り上げた森田（2014）や由井ほか（2016）がある。とくに由井ほか（2016）では，イギリス中等教育の Key Stage3（12 〜 14 才）における 4 冊の地理教科書の単元「洪水」の検討から，防災学習の特徴を明らかにしている。

2 ）中等教育の学校種として代表的なものに，基幹学校，実科学校，修了資格兼大学入学資格の取得を目指すギムナジウムがある。なお卜部（2016）によれば，現在では三分岐型から二分岐型制度に向けて各州が独自の改革を進めており，基幹学校と実科学校が統合された新制実科学校とギムナジウムが RP 州の中等教育において設定される学校種がある。

3 ）例えば，地理を独立した地理科で設定する州もあれば，日本のような社会科

のなかに位置づける州もあり，同一州内でもギムナジウムでは地理科，実科学校では社会科ということもある。

4）詳細は原田（2006）を参照。

5）初版は 2006 年に出版され，2020 年時点で 2017 年に出版された第 9 版が最新のものである。本稿で『ドイツ地理教育スタンダード』に言及する場合は，第 9 版である DGfG（2017）を指している。なお同スタンダードではコンピテンシーは示されているが，具体的な学習内容は提示されてはいない。

6）『ドイツ地理教育スタンダード』では以下の 6 つのコンピテンシー領域が設定されている：「教科専門」，「空間定位」，「認識獲得／方法」，「コミュニケーション」，「判断／評価」，「行動」。それぞれのコンピテンシー領域の詳細は，服部（2007）あるいは阪上（2018）を参照のこと。

7）「惑星としての地球を記述する能力」を構成するスタンダードとして，「基本的な地球の特徴（例えば，大きさ，形，構造，地軸の傾き，重力）について記述することができる」，「太陽系における地球の位置と動き，その影響（昼，夜，季節）について説明することができる」がある（DGfG, 2017, S.13；阪上, 2018, p.131）。

8）ゾチアルクンデ（Sozialkunde）とは，「我が国の中学校社会科の公民的分野に相当する」領域である（服部, 2009, p.18）。

9）詳細は阪上（2018, p.72）を参照。

10）学習領域は 2 年ごとに 6 テーマ（6 年間で合計 18）が設定されている。

11）2020/21 年用の教材カタログに掲載された教科書の一覧は，以下のウェブサイトから確認できる。「学期 2020/2021 年用学習教材カタログ（Vorläufiger Lernmittelkatalog gedruckter Lernmittel für das Schuljahr 2020/2021）」：https://secure3.bildung-rp.de/LMF_Verlagsportal/SchulbuchkatalogAnzeigen.aspx　（最終閲覧日：2020 年 1 月 8 日）。

12）*TERRA* の見開きページの見本は，Klett 社ウェブサイト中の以下の URL から閲覧できる。https://klettbib.livebook.de/978-3-12-104608-9/　（最終閲覧日：2020 年 1 月 9 日）

13）州カリキュラムと教科書との対応関係は，Klett 社のウェブサイトに掲載されている。「題材配置計画（Stoffverteilungspläne）」：https://www.klett.de/lehrwerk/terra-gymnasium/stoffverteilungsplaene/bundesland-11/schulart-5/fach-16（最終閲覧日：2020 年 1 月 8 日）

文献

DGfG Hrsg.（2017）: *Bildungsstandards im Fach Geographie für den Mittleren Schulabschluss mit Aufgabenbeispielen.* DGfG. 第 9 版.

Hemmer, I.（2012）: Standards und Kompetenzen. Haversath, J. Hrsg., *Geographiedidaktik*, Westermann, S.90-106.

Ministerium für Bildung, Wissenschaft, Weiterbildung und Kultur Hrsg.（2016）: *Lehrplan für die Gesellschaftswissenschaftlichen Fächer: Erdkunde, Geschichte, Sozialkunde.* Johnen-Druck GmbH & Co. KG.

Wilhelmi, V. Hrsg.（2015）: *TERRA Erdkund2 Gymnasium.* Ernst Verlag Klett.

卜部匡司（2016）:「三分岐型から二分岐型への中等学校制度再編に伴うドイツ教育評価制度の変容」『広島国際研究』, 22, pp.131-141.

阪上弘彬（2018）:『ドイツ地理教育改革と ESD の展開』, 古今書院.

服部一秀（2007）:「ドイツ地理学会版教育スタンダードの地理学力像」『山梨大学教育人間科学部紀要』, 9, pp.122-146.

服部一秀（2009）:『現代ドイツ社会系教科課程改革研究―社会科の境界画定―』, 風間書房.

原田信之（2006）:「教育スタンダードによるカリキュラム政策の展開―ドイツにおける PISA ショックと教育改革―」『九州情報大学研究論集』, 8(1), pp.51-68.

森田康夫（2014）:「イギリスの中学地理教科書と国土教育―英国の地理・地学一体教育から学ぶ「防災教育のカタチ」―」『JICE report』, (26), pp.103-116.

由井義通・阪上弘彬・村田　翔・杉谷真理子・佟亜斎娜・魏　思遥・後藤雄大・都築宏幸・孟瑜・鎌田祥子・鎌田祐介・迫　有香・中村勇介・橋本訓典・藤本理志・復本真利江（2016）:「イギリスの中等地理教科書における防災学習―単元「河川と洪水」の分析―」『学校教育実践学研究』, 22, pp.79-88.

由井義通（2018）:「『高等学校新学習指導要領』改訂のポイント「地理総合」と「地理探究」で育成する資質・能力」『地図・地理資料』, 2018 年度特別号, pp.1-5.https://teikokushoin.co.jp/journals/geography/pdf/201801s/02_hsggbl_2018_01s_p02_p05.pdf

吉田成章（2016）:「PISA 後ドイツのカリキュラム改革におけるコンピテンシー（Kompetenz）の位置」『広島大学大学院教育学研究科紀要』, 65 (3), pp.29-38.

第 2 章

自然災害からの教訓と想定される災害への対応

1 福島県の放射線教育・防災教育の現状

（1）はじめに

　2011（平成23）年3月11日に発生した東北地方太平洋沖地震，そして大津波。さらに，この東日本大震災（以下，大震災）に続いておきた福島第一原子力発電所の事故（以下，原発事故）により，本県は比類なき非常事態に陥った。臨時休業となった学校，校舎の一部だけを使用しての学校再開，相次ぐ県内外へ転出，児童生徒にとっては屋外での活動にも影響があった。

　それから9年の間，地震，津波，原発事故等の対応に追われながらも，本県としては，未曾有の大震災を風化させず，これからの学校教育の教訓とするために，どのような防災教育に取り組むべきか模索しながら進めてきた。

（2）放射線教育と防災教育の必要性と位置付け

　大震災によって引き起こされた原発事故後，原子力発電所や放射線等に関する用語や影響について日々報道された。しかし，県民の多くは予備知識がなく，様々な情報をもとに考え，適切に判断することが困難であった。学校現場においても同様であり，児童生徒への指導の際に，目の前の子供たちに合った資料が不足している状況にあり，地域によっても受け止め方は様々であった。

　このような状況の中，福島県で育ち，やがて様々な社会へ出ていく子供たちにとって放射線教育は重要な課題であると考え，放射線に関する基礎知識や放射線から身を守る実践力を身に付けることを目的とした教育に取り組み，2011年度から「放射線等に関する指導資料」を作成してきた。

【図１】　平成 28 年度発行指導資料

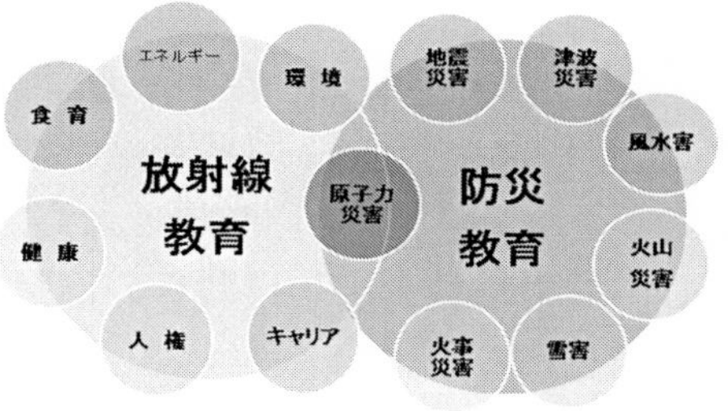

【図２】　本県の放射線教育と防災教育を軸に
した関連図

　また，2013 年度からは，地震や津波，原子力災害をはじめとする各種災害の現状や原因等についての理解を深め，的確な思考・判断に基づく意思決定や行動ができるようにすることを目的とした防災教育に取り組み，「防災教育指導資料」を作成してきた。

　2016（平成 28）年度には，これまで発行してきた指導資料をまとめる形で「ふくしま　放射線教育・防災教育　指導資料（活用版）」【図１】を作成した。

　2017・2018 年度は，【図２】に示すように，双方を関連させ，「地域と共に創る放射線・防災教育推進事業」として展開し，また，平成 30 年度には，実践協力校等の多くの実践を掲載した「ふくしま放射線教育・防災教育　実践事例集」【図３】をまとめ，いずれも県内全小中学校の全教室や全国の都道府県教育委員会等に配布してきた。

　さらに，令和元年度においては，実践協力校等の放射線教育・防災教育の取組を集約し，義務教育課ホームページに掲載している。

【図３】

これまで以上に，指導資料や実践事例集等が各校で積極的に活用されることを期待している。

＊福島県教育庁義務教育課ホームページにおいて各種資料を閲覧可能
https://www.pref.fukushima.lg.jp/sec/70056a/

（3）放射線教育・防災教育の展開

　大震災以降，福島県の放射線教育・防災教育の方向性や先行的な実践を県内に広めるために大きく２つのことに取り組んできた。

1．放射線教育・防災教育運営協議会での取組

　本運営協議会は，県内７地区の教育事務所と，放射線教育や防災教育について先行的な実践や公開授業を行う実践協力校を中心とし，年間の各取組内容や年度末にかけて作成する刊行物等について協議・検討する会である。

　この運営協議会での内容を基に，各校で日々行われた実践や公開授業で見出された成果をまとめてきたものが，前述の資料等である。避難訓練等の実践や公開授業では，関係機関と連携した展開を取り入れたり，地域の方々や子供たちの保護者にも案内を配布し，児童生徒と共に放射線や防災について考える機会をつくったりしてきた。そのことにより，学校と家庭・地域・関係機関が一体となった放射線教育・防災教育を展開することができた。

　平成28年度と平成29年度には，これらの成果について，「ふくしま放射線・防災教育実践事例パンフレット」【図4】としてまとめ，発行した。

　このパンフレットに載せきれない多くの実践等については，義務教育課のホームページで紹介している。

　2017年度のスタート時に合わせ，県内小中学校の全教室に配備した「ふくしま放射線教育・防災教育指導資料（活用版）」【図2】には，大震災を福島県内で経験していない教員が年々増えてきている現状を踏まえ，放射線教育や防災教育を指導するに当たり，十分に知識のない教員を支援する意味合いを込めていた。実際に，各地の教員から，「教室内のすぐに手の届くところに指導資料があることで，授業に有効活用できる」という声をいただいた。

　また，放射線教育・防災教育運営協議会の中で，「指導資料等を活用した様々な授業展開例も共有されるとさらに便利である」との声も聞かれた。それを

2016年度発行
実践事例パンフレット

2017年度発行
実践事例パンフレット

【図4】

受ける形で，【図3】の実践事例集を平成30年度に作成・発行したのである。

2．放射線教育・防災教育地区別研究協議会での取組

　防災の日がある９月を中心に，県内７地区で地区別研究協議会を開催している。各教育事務所管内の小中学校の代表の先生方が参加し，各地区の課題に応じて協議を行っている。主な内容は，福島県教育委員会からの放射線教育・防災教育に関する行政説明や実践協力校の取組の発表，福島県と協定を結んでいる日本赤十字社による防災演習，各校の成果と課題についてのグループ協議，大学教授による講演等がある。特に，国立大学法人滋賀大学大学院教育学研究科高度教職実践専攻教授　藤岡達也先生には，長年にわたり本県の防災教育の推進に御助言・御協力いただき，本県教育委員会の事業や各地区の防災教育に対し，多くの示唆をいただいている。

　地区別研究協議会を通して得られた先行的な取組や情報については，参加者が自校に戻り，職員に対し伝達講習をして広めている。

　これまでの県教育委員会の取組や各自治体での取組，何よりも各校でのきめ細かな指導のおかげで，現在では県内小中学校の放射線教育と防災教育の実施率は，どちらも100％であり，各学年平均で2，3時間の授業を行っている。また，これまで県教育委員会で発行してきた指導資料等の活用率も9

割近い結果となっている。

（4）防災に関する授業実践

　本県教育委員会では，放射線教育と防災教育を一体とした事業を展開してきているが，ここでは，数ある実践のうち防災教育に関するものをいくつか紹介する。

１．理科「天気の変化」

南会津郡只見町立明和小学校

　明和小学校は，福島県西部の南会津郡只見町にあり，新潟県境に位置した自然の恵み豊かな山間地域である。

　しかし，2004（平成 16）年 7 月と 2011（平成 23）年 7 月に起きた「新潟・福島豪雨」での水害を受けた地域でもある。

　第 5 学年理科「天気の変化」における授業では，豪雨災害を受けたときの梅雨前線や台風時の雲の流れ・量等から起こる天気の変化の学習時に，地域における水害や土砂災害時の経験等を重ね合わせ，天気の予測や避難の判断・方法といった防災教育を意識した授業を展開してきた。

２．理科「流れる水の働き」

福島市立清明小学校

　清明小学校は，県庁所在地の福島市にあり，近くを荒川が流れている。これまで荒川は，増水時に何度も氾濫した過去がある。

　第 5 学年理科「流れる水の働き」の学習では，流れる水の浸食作用や堆積作用に関する問題について，観察・実験を通して解決するばかりではなく，総合的な学習の時間で行った地域の防災フィールドワークを通して，実際に見たり聞いたりして学んだことも取り入れながらの授業を展開をしてきた。

　防災フィールドワークでは，地域の方から学んだ過去の洪水被害の状況と目の前の荒川や荒川と合流する阿武隈川の浸食・堆積作用のイメージを重ね，流れる水の働きにより引き起こされる水害についても学んでいる。

３．理科「土地のつくりと変化」

福島市立佐倉小学校

　前述の清明小学校と同じく福島市にある学校だが，佐倉小学校は活火山で

ある吾妻山の麓に位置している。

　吾妻山は時折，火山性ガスを噴出することがある。また，冬季には深い雪に閉ざされ，途中の道路は閉鎖されるほどである。そのため，いざ吾妻山が噴火すると，火山灰はもちろんであるが，融雪による火山泥流が，谷間に集まり勢いを増して，麓の佐倉小学校まで達することが想定される。

　そこで，第 6 学年理科「土地のつくりと変化」の学習では，火山の噴火や土地の変化といった現象を扱った学習にとどめず，火山噴火後に起きる災害を見通したり，避難について考えたりする授業を展開している。

　さらに，佐倉小学校の近くには前述の荒川が流れており，第 5 学年の総合的な学習の時間では，火山災害時と洪水時のハザードマップを比較し，それぞれの避難場所や避難方法の違いに気付かせ，身の守り方について考えさせる授業も展開してきた。

南相馬市立高平小学校

　太平洋沿いに位置する高平小学校は，大震災直後に津波が学校近くまで到達した過去をもつ。

　沿岸部の学校である高平小学校では，第 6 学年理科「土地のつくりと変化」の学習において，地震とともに引き起こされる津波についても学習している。断層により地震が起きて大地が変化する現象と合わせ，津波や津波被害についても取り上げ，災害への危機意識を醸成している。

　また，総合的な学習の時間では，大津波発生時に想定される様々な危険をカードにし，その組み合わせによる状況下でどのような避難行動を行うかを考え，検討する授業を通して，思考力や判断力を育んできた。

４．総合的な学習の時間

喜多方市立塩川中学校

　塩川中学校のある塩川地区は，周りを複数の河川に囲まれ緑豊かな田園が広がる。自分たちの暮らす地域や災害時の対応をより深く感じ取らせることや将来遭遇するかもしれない自然災害についても学ばせるために，1 年生を沿岸部のいわき市に向かわせた。そこで生徒たちは，語り部の方から大震災後の津波に関する話を聞いた後，防潮林や防災緑地について学んできた。

　生徒たちは，津波時に限らず，常に様々な自然災害を想定し準備をしてお

くことの必要性を実感していた。また，その後，自然に囲まれた地域の名所を講師の方と共に巡り自然の恩恵を感じたり，名所のいくつかが防災に関わるのものであることに気付いたりしながら，防災について広く深く捉えることができた。

いわき市立江名中学校

　本県の太平洋沿岸部にあり，茨城県との県境に位置するいわき市。江名中学校は，海岸沿いに位置するが海抜は 10m であり，大震災後の津波発生時には多くの地域住民が江名中学校へ避難してきた。

　その経験から，現在では避難訓練を工夫し，教室でのシェイクアウト訓練や大きな地震による校庭への 1 次避難，続いて大津波警報発令による校舎 4 階への 2 次避難を 1 度の避難訓練として実施している。さらに，近隣の保育所が津波を想定した避難訓練を行う際には協同で実施し，自助と共助について学んできた。

　また，本県と協定を結んでいる日本赤十字社と協力しながら，炊き出し体験や自衛隊福島地方協力本部と連携した通信訓練を行い，災害時を想定した避難所運営について学んできた。さらに，市の原子力対策課の協力を得て，原発事故による被ばくを防ぐための防護服着用体験や屋内退避時の行動の仕方について，学んできた。生徒たちは，こうした関係機関との連携による防災教育を展開してきたことにより，自分はもとより周りの人のためにできることに気付き，公助の精神を学ぶことができた。

いわき市立久之浜第一小学校

　久之浜地区は，本県沿岸部のいわき市北部に位置し，大震災と大津波，そして火災により，約 700 戸の家屋が流出や焼失をするといった甚大な被害を受けた地区である。また，久之浜第一小学校は，津波の被害は免れたものの地震による地割れや地盤沈下にあい学校を移転することになり，元の学校での再開まで時間を要した。

　第 4 学年では，防災訓練や防災に関する施設見学，語り部さんの講話，地域の調査等の各種自然災害の学習を通して，これからの久之浜地区のことを考える総合的な学習を展開してきた。

　地域の防災マップ作りの場面では，「災害から命を守ることにつながって

いるか」という観点で各班の防災マップを検討する話し合いを行った後，話し合いをもとに，さらに相手に伝わるよう工夫を重ねてきた。

　防災学習について幅広い様々な視点から学んできた子供たちは，防災マップ作りにより，必要な知識や経験を収束的に絞り込み，思考力や判断力を働かせながら，防災教育を通して得られる資質・能力を身に付けることができた。

（5）おわりに

　未曾有の大震災及び原発事故から9年以上が経過し，復旧・復興への歩みを進めながらも，これまでに得た教訓を風化させてはならないと考える。

　そのために，本県教育委員会としては，「福島の『過去』に学び，『現在』を見つめ，『未来』を拓く」をキーワードに，放射線教育・防災教育を進めてきている。

　今後も家庭や地域，関係機関と連携し情報や危機意識を共有しながら，放射線教育と防災教育を展開することを通して，自ら考え，判断し，行動できる子どもを育むことができるよう働きかけていきたい。

2018（平成30）年西日本7月豪雨などの特徴も意識した防災教育の教材化への視点
―日本付近の暖候期の大雨の特徴の季節的・地域的多様性の中で―

加藤　内藏進，松本　健吾，槌田　知恭

（1）はじめに

　西日本を中心に広範囲に甚大な被害をもたらした2018（平成30）年7月豪雨は，新たな警報等の体系として気象庁が2013年8月からの運用を始めて以来，県内では初めてという「大雨特別警報」（「数十年に一度」という基準）が，6日夜に岡山県のほぼ全域に発令され，新聞でも多々報道されたように，翌朝にかけて甚大な被害が生じた（降水や大気過程の特徴に関する速報的説明に関しては，気象庁（2018a, b）も参照されたい）。

　ところで，梅雨最盛期の西日本，特に九州では，積乱雲の活発な活動に伴う大雨（いわば「集中豪雨」）が頻繁に生じる（二宮（2001）の教科書等も参照）。これは，次章以下で述べるように，アジアモンスーンの影響を強く受けたものである。但し，加藤（2013），加藤他（2015）も述べているように，アジアモンスーンの影響も受ける日本付近の気候系は，梅雨や秋雨などの独特な雨季も含めて，細かいステップでの大きな遷移を持つ季節サイクルで特徴づけられる（図1）。また，それらの現象の特徴の地域的差異も大きい。このため，季節が少し違うだけで，あるいは，日本列島の中での地域の違いによって，豪雨や豪雪などの気象災害に繋がる現象の特徴や表れ方も変わってくる。日本列島付近での災害に結びつくような降水の理解の際には，このような視点も重要である。

　例えば，九州～関東における大雨の特徴に限っても，季節的・地域的な多様性は大きい（表1）。そのような多様性は，どのような形態の被害に結びつき得るかを考える際に重要であるとともに，各季節・地域での雨で感じる季

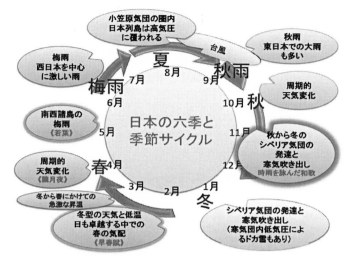

図1　日本の六季とその中間的な季節（加藤他（2015）より）。

節感にも関連し得る。従って，日本の豪雨に関連した題材は，防災気象教育に関連した「雨の質による防災対策の違い」を考察するためのベースだけでなく，文化理解教育に関連した暖候期の季節感の多様性の理解にも通じうる点にも注意しておきたい（雨と季節感の観点からの取り組みに関しては，加藤他 2012；加藤（晴）・加藤（内）2014a, b；加藤他 2015 等，を参照）。

　また，気象・気候系が，ある程度の大きな幅で変動するのが「普通の姿」である。従って，日本における大雨や集中豪雨等に関連した防災気象教育やそれに関連した気象・気候のリテラシー育成の際には，「季節や地域毎に違う，『変動幅』も含めた東アジア独特な気候・降水環境とそれらの季節サイクル」への把握とともに，「そのような環境の中で，更にどのような要素が加わって，大災害に関わる極端な現象に繋がるのか？」という点に目を向けさせる必要がある。

　なお，総降水量だけでなく降水の「質」（降水特性）も含めた大雨の特徴の把握の際に，総降水量だけでなく1時間雨量や10分降水量のデータの利用は大変有用である。それらをどのように活用出来るのか，簡単な分析作業も行いながら学習を行うことは，気象・気候教育の分野における情報読解力

表1　日本の暖候期の雨の多様性の例（季節感にも関連して）。主に加藤他（2012）に基づき整理した，加藤・加藤（2014a）の表を加筆修正。

時期や地域	雨の特徴	関連する気象システム
春や秋。全国的に	低気圧に伴う地雨性（しとしとと降る雨）の雨。広い範囲で半日〜1日降り続く。	温帯低気圧
4月頃の九州南部	低気圧に伴う地雨性（しとしとと降る雨）の広い雨域の中の一部の領域で（中心か前線付近，あるいはその暖気側），数時間程度続く激しい雨。	主に，九州付近を東進する温帯低気圧に向かって，南から多量に水蒸気が流入することによる。
梅雨最盛期の西日本（特に九州で顕著）	メソスケールの積乱雲の集団（クラウドクラスター）による集中豪雨（梅雨前線全体に比べるとかなり局地的であるが，夏の夕立などよりも，広範囲で長時間持続する）。	梅雨前線に向かう強い南寄りの風に伴い，水蒸気が多量に侵入し続けることによる。
東日本の秋雨期	地雨っぽい感じの雨でも，そこそこの強さの雨で降り続き，1日単位ぐらいでは，かなりまとまった雨になる（積乱雲の集団に伴う対流性の降水も少なくないが，そればかりではなく）。	秋雨前線や台風等に関連。日本列島のすぐ南方には平均的に大変多湿な気団があり，一方，その北方の北日本付近では南北の温度差も季節的に大きくなり，台風の温帯低気圧化も起きやすい。その中で，南から多量の水蒸気が流入するとともに，北側の比較的安定な状況に関連して。

をもしっかりと育成することに繋がる。そこで本稿では，気象庁本庁のHPよりダウンロードした各気象観測点（気象官署やアメダス観測点）における日降水量，時間降水量，10分降水量データの筆者らによる分析例を紹介しながら，大雨・豪雨に関連した防災教育の際の雨の特徴の違いの把握について紹介し，教材化への視点へ繋げたい。

　そこで以下においては，まず，日本列島の梅雨最盛期における気候学的な降水や大気場の特徴について述べる（東西の違いに注目）。次に，梅雨最盛

期の西日本（特に九州を中心に）で頻繁に起きる集中豪雨について，異なるタイプの集中豪雨事例とも比較しつつ，時間降水量，10分降水量などのデータで見た特徴を例示する（正確には，それぞれ各観測の正時までの1時間，あるいは10分間の積算値で，前1時間降水量，前10分間降水量と呼ばれる）。また，東日本における梅雨最盛期の大雨の特徴についても，松本他（2013）を引用しながら比較する（松本他（2015）で紹介した内容を更に簡略化して）。それらを踏まえて，平成30年（2018年）における西日本を中心とする7月豪雨の際の降水の特徴について，10分降水量から見た特徴について述べる。本研究での広域的な大気場の解析には，主にNCEP/NCAR再解析データ（2.5°×2.5°緯度経度グリッド，各指定面高度）を利用した。但し，現段階では平成30年（2018年）7月豪雨の解析は十分進んでいないので，本書では，岡山県を中心とした幾つかの地点での特徴的な雨の降り方の例示に留める。

（2）日本列島の梅雨最盛期における降水と大気場（西日本と東日本の差）

　日本列島の梅雨期の降水の気候学に関して，西日本側と東日本側ではかなり差異が見られる。二宮（2001）やNinomiya and Mizuno（1987）等も踏まえて加藤（2002）が解説しているように，一般に，東日本側ではしとしとと雨の降る日が続くが，西日本側では集中豪雨に伴う「大雨日」が頻出する（以下，本書では，日降水量50mm以上の日を「大雨日」と呼ぶことにする）。それは，特に九州で顕著である。表2に示されるように，長崎も東京も，梅雨最盛期における平均的な総降水日数は何れも多いが，「大雨日」の日数が長崎の方が多い。それを反映して，九州における梅雨期全体の降水量は，関東の2倍程度にもなる（約200mm程度も多い）。大雨日1日あたりの平均雨量が仮に80mm程度だとすると，それが平均2日違えば160mmの違いになりうるわけである。また，降水量の年々の違い（年々変動）も大きいが（大きな標準偏差がある），特に西日本側の長崎では，「『大雨日』の寄与による全体の降水量の稼ぎ」も年々変動の大きな標準偏差を示す。言い換えれば，大雨日が何日ぐらい多く出現するか否かで，梅雨最盛期の総降水量の年々の違いも大きくなる点が注目される。

表2　梅雨最盛期（6/16 ～ 7/15）の九州の長崎と関東の東京における総降水日
　　　数（日/30 日）や総降水量（mm/30 日），「大雨日」（日雨量 50mm 以上の日）
　　　の日数（日/30 日），及び，大雨日の降水による総降水量への寄与（mm/30 日）。
　　　1971 ～ 2000 年で平均した値とその期間での年々の違いの標準偏差を示す。
　　　気象庁の毎日の降水量データに基づき解析した。加藤・加藤（2019）の表よ
　　　り梅雨最盛期での平均について引用したものに，その年々の標準偏差も本書
　　　で解析して追加した。

（1971 ～ 2000 年での集計：合計値の平均と年々変動の標準偏差）				
6 月 16 日～ 7 月 15 日の合計	長崎		東京	
	平均	標準偏差	平均	標準偏差
総降水日数（日）	15.6	3.8	14.1	4.1
50mm 以上の日数（日）	2.6	1.7	0.8	0.9
総降水量（mm）	395	200	205	113
50mm 以上の日の寄与（mm）	241	177	61	78

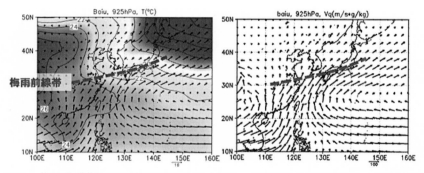

図2　梅雨最盛期にほぼ対応する 6 月 16 日～ 7 月 15 日で平均した（2006 年
　　　～ 2015 年の平均），地上 1km 足らずの高度（925hPa の気圧に高度）にお
　　　ける気温（℃）と風ベクトル（m/s）を重ねたもの（左図），及び，同様な，
　　　水蒸気の輸送量のベクトル（(m/s)・(g/kg)）。平均的な梅雨前線の位置を，
　　　模式的に太い破線で入れた。

　図 2 に，梅雨最盛期にあたる 6 月 16 日～ 7 月 15 日で平均した地上 1km
足らずの高度における気温と風ベクトルの平均を重ねたもの，及び，同じ
高さにおける水蒸気の輸送量のベクトルを平均したものを示す（2006 年～
2015 年の平均）。西日本側の梅雨前線で総降水量が多いのは，太平洋高気圧

の西縁部で，関東付近よりも多量に水蒸気が流入して収束することを反映している。しかも，下層から多量に水蒸気が流入すると大気は不安定になりやすいので，発達した積乱雲の集団に伴う集中豪雨としての大雨になりやすい（以上，Akiyama (1973)，Ninomiya (1984) 等も参照）。一方，東日本側では南側からの水蒸気の正味の流入量が西日本側よりも少ないために総降水量が多くなりにくいことに加え，オホーツク海気団と呼ばれる冷涼で安定な空気の影響も受けて，一般的に，平均的には積乱雲のような激しい対流が西日本側より生じにくい状況にあると考えられる。従って，もし東日本の梅雨前線に多量の水蒸気が流入した場合でも，梅雨最盛期の西日本とは違って，地雨性の雨の持続により広範囲に大雨になることも少なくないようである（松本他 2013。加藤・加藤 (2014b) の解説も併せて参照）。

（3）10分降水量データで見る梅雨最盛期における九州での集中豪雨の特徴

　図3は，九州における集中豪雨の例として，2009（平成21）年7月24日の福岡における10分降水量や時間雨量の時系列を示す。この事例では，福岡での日降水量も 200mm 近くに達した顕著な豪雨事例の一つである（加藤他 (2015) で紹介した中学校での授業実践においても教材として利用）。また，比較のため，本州南岸を東進する冬季の低気圧に伴う岡山における同様な時系列も示す。参考までに，それぞれの事例における気象庁の天気図と気象衛星ひまわりによる赤外画像も示した。なお，後者は岡山でも珍しく雪になったが，日降水量は 20mm に達しており，低気圧通過に伴う降水としてはそれなりに纏まった量であったことに注意したい。

　なお，気象庁が天気予報等で用いる用語としては，1時間雨量 10mm 以上 20mm 未満を「やや強い雨」，20mm 以上 30mm 未満を「強い雨」（どしゃ降り），30mm 以上 40mm 未満を「激しい雨」，等と呼ぶようである（気象庁本庁の HP の「雨の強さと降り方」より（http://www.jma.go.jp/jma/kishou/know/yougo_hp/amehyo.html, 2020 年1月27日に再参照））。一方，第3図の冬の低気圧に伴う降水は，数 mm/h 程度の強さであるが，それでも，半日ぐらい続けばトータルで数 10mm に達する。もし，5〜10mm/h 程度

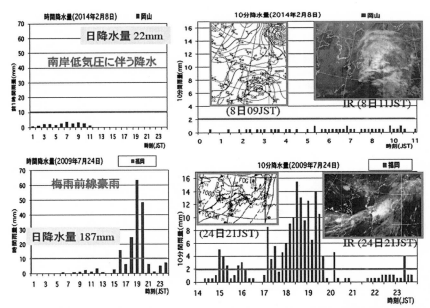

図3　時間降水量と10分降水量の時系列の例。本州南岸を温帯低気圧が通過した2014年2月8日の岡山における時系列と（上段），梅雨最盛期の九州北部での集中豪雨の例として2009年7月24日の福岡（下段）について示す。時刻は日本標準時（JST）。また，降水時間帯付近の地上天気図と気象衛星の赤外画像も示す。10mm/h，2mm/10分をそれぞれ超える時間降水量，10分降水量の時間帯がどのように現れているかに要注目。なお，低気圧に伴う岡山の例では，降水持続中も10分降水量0mmが1〜2回観測された後0.5mm/10分が観測されたことも少なくないが，これは，恐らく，数10分で0.5mmに達する降り方であったものと想像出来る（現在の雨量計は転倒升式のものであり，0.5mm単位での観測になるため）。

の降水でも，10時間続けば50〜100mm/日程度の「大雨」になりうる。従って，1時間雨量が10mm（10mm/h）を超えると，感覚的には結構強い雨と言って良い。また，20mm/hや30mm/hを超える場合，相当強く降っていることがイメージされる。

　一方，10分降水量に関して，2mm/10分が1時間続けば12mm/hになり，4mm/10分の降り方が1時間続くと24mm/hにのぼる。つまり，雨に関して，

2mm/h 以上の時間帯はそれなりに強い雨，4mm/10分を超えれば「どしゃ降り」に対応するような激しい雨，というイメージを把握できる。従って，梅雨最盛期における九州での集中豪雨事例では，15時頃に雨脚が激しくなり30分程度で弱まるものの，16時頃に再度強まりすぐに一旦弱まる。しかし，17時頃からは，それまで以上に大変雨脚が激しくなり，強弱を数10分〜1時間半程度の間隔で繰り返しながら，相当な強雨が20時近くまで持続したことになる。この間に，200mm 近い総雨量がもたらされたわけである。

　ところで，このような集中豪雨は積乱雲に伴う現象であるが，個々の積乱雲は10km 前後のサイズで寿命も1時間程度である。従って，単発的な積乱雲の場合には，一般に激しい降水も長時間は持続しない。しかし，西日本付近の梅雨前線に伴う集中豪雨では，多数の積乱雲が集団となってメソスケー

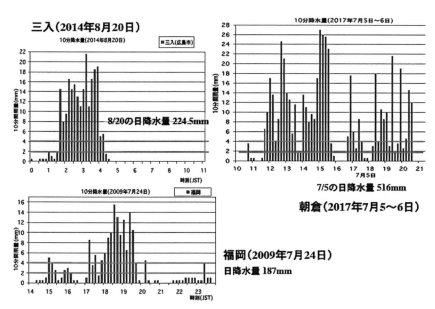

図4　集中豪雨タイプの豪雨時における10分降水量の時系列の例。2014年8月20日の広島県の三入，及び，2017年7月5日における福岡県の朝倉（平成29年7月豪雨）。について例示。また，第3図に示した2009年7月24日の福岡についても比較のため再掲。2mm/10分と4mm/10分に対応する目盛線を太線で示した。

ルの降水系を形成する。そして，1個の積乱雲が寿命を終えても，その近くで別の積乱雲が次々と発生・発達するため，雨脚が多少強まったり弱まったりを繰り返しながら，何時間も激しい雨が降り続けることも少なくない。従って，集中豪雨タイプの大雨に関しては，「どのくらい強く降っているか」（10分降水量や1時間降水量の平均的なピークの強さ）と，「強く降っている時間帯がどのくらい続いているか」という2つの要素に注目する必要がある。また，広域的な洪水等を意識した防災教育の場合，更に，このような「激しい雨が持続する領域の広がり」にも注目する必要があることになる。

このような視点で10分降水量データの時系列を眺めると（図4），一口に

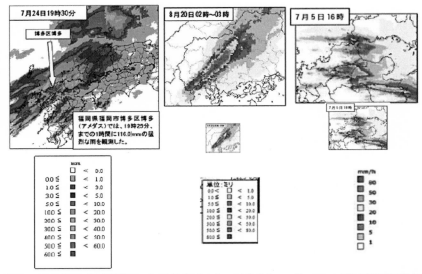

図5　第4図に示す事例における降水ピーク時のレーダーアメダス解析雨量の分布図の例（原図はカラー）。左から順に，(a) 2009年7月24日，(b) 2014年8月20日，(c) 2017年7月5日の事例を示す（それぞれ，気象庁（2009，2014，2018a）の図から抜粋）。時刻は日本標準時（JST）で，単一の時刻のみの記載は，その時刻までの1時間積算雨量である。中段にそれぞれのグレースケールを示す（mm/h）（(c) は整数位のみ示されている）。なお，(b)，(c) の事例に関して，(a) の事例とほぼ同様な縮尺になるように筆者が縮小した図も，各図の下に示した。

集中豪雨タイプの雨の中でも，その特徴の違いの多様性も大変大きい。例えば，2014年8月20日の広島県での豪雨は，図3で示した2009年7月の九州北部での豪雨に比べ，全体の雨域や強雨域の空間スケールはかなり局地的である（図5も参照。気象庁（2009, 2014, 2018a）の図から抜粋）。しかし，10分降水量で分かるように雨脚はより強く，しかも，大変激しい雨脚が弱まることなく（あまり変動せず）数時間も継続した点が特徴である。

　一方，2017（平成29）年7月5日の九州・朝倉付近における豪雨は，通常の梅雨最盛期の集中豪雨よりも全体の雨域がかなり狭い（図5）。しかし，ピーク時の雨脚は，2009年7月の福岡での豪雨よりも更に強かった。また，雨脚が強弱を繰り返す時間間隔は福岡での豪雨と同様であったが，より極端な強いピークを伴って，雨脚の強弱をより長時間繰り返し，トータルで通常の梅雨最盛期の西日本における集中豪雨の数倍以上もの時間，持続した点が注目される。

（4）東日本における梅雨最盛期の大雨日の降水の特徴

　本稿では，松本他（2013）の内容を紹介した松本他（2015）も踏まえて，東日本における大雨日の降水の特徴について簡単に述べる。松本他（2013）によれば，1971～2010年の6月16日～7月15日（梅雨最盛期にほぼ対応）の期間の東京での「大雨日」における地上天気図の特徴を人の眼で判断して抽出した結果，主に図6のような4つの気圧配置のパターンに分類出来るという。

　松本他（2015）でも解説したように，東日本の大雨日に関しては，梅雨前線上のメソα低気圧の接近（パターンC）や，東西に伸びる梅雨前線（パターンD）だけでなく（それぞれ全体の約1/4），台風に直接関連すると考えられる状況（パターンAとBの合計）が，梅雨最盛期であるにもかかわらず東京の大雨日全体の半分程度を占めていた（逆に，その分，梅雨前線自体による大雨日が九州よりもかなり少ないことの反映でもある）。

　また，梅雨最盛期の大雨日1日あたりの総降水量のうち，九州の長崎では，10 mm/h以上の時間帯での稼ぐ降水量が全体の約60％を占める（表3）。つまり，集中豪雨に関連した強雨が，基本的に大雨日の総降水量を決める。し

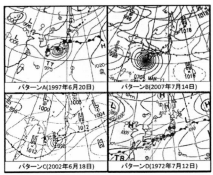

パターン	天気図の特徴	日数
A	台風もしくは熱帯低気圧が東京からほぼ700km以内に位置する（梅雨前線が存在する場合も，ほぼ東北かそれ以北）	6
B	Aと同様だが，梅雨前線も東京付近もしくはそれ以南に位置する	7
C	4hPa毎の閉じた等圧線を2本以上持つ梅雨前線上の小低気圧が，東京付近に接近中もしくは位置する	7
D	梅雨前線が140°Eにおいて30°N以北に位置する場合で，パターンC以外	8

図6　東京での大雨日におけるパターン毎の地上天気図の特徴と事例数（1971
　　　〜2010年の6月16日〜7月15日），及び，それぞれの天気図例。松本他
　　　（2013，2014）より引用。なお，全31事例中，パターンA〜Dの何れに
　　　も該当しないのが3事例あった。

表3　各パターンで平均した大雨日1日あたりの総降水量（mm/日），10mm/h
　　　以上の強雨の時間帯で稼いだ総降水量（10mm/h以上の時間帯の日降水量へ
　　　の寄与）(mm/日)とその寄与率(%)。長崎に関しては，全事例の平均のみ示す。
　　　松本他（2013）より引用。

		日降水量（mm/日）		((b)/(a))×100(%)
		(a) 総降水量	(b) 10mm/h以上の時間帯による寄与	10mm/h以上の時間帯による降水の総降水量への寄与率
長崎（全事例）		89.5	54.4	60.7
東京（全事例）		71.9	32.5	45.2
東京（内訳）	パターンA	88.7	49.6	55.9
	パターンB	73.5	23.8	32.4
	パターンC	58.5	6.4	11.0
	パターンD	68.1	37.1	54.5

かし，東京では，大雨日の全事例で平均すると，10mm/h以上の時間帯の寄
与は約45%に留まる。つまり，10mm/h未満の，いわば「それほどは強く
ない雨」（"not so strong rain"）の寄与も，全体として小さくない。更にパター
ン毎に見ると，パターンAやDは強雨の寄与も比較的大きかったが，パター

ンBやCでは，10 mm/h 未満の「それほどは強くない雨」の寄与が，それ
ぞれ，70%近く，90%近くを占める点が注目される。つまり，東日本の梅雨
最盛期には，（2）で述べたような大気場の中で，単に大雨日の出現頻度や梅
雨最盛期全体の降水量への大雨日の寄与が西日本よりも低いだけでなく，「大
雨」になる事例でも，集中豪雨的な降り方がメインである事例のみならず，「そ
こそこの強さの雨が，ある程度の時間持続する」ことによる事例も，全大雨
日の半数ぐらいを占める点を銘記する必要がある。

（5）2018（平成30）年7月豪雨時の岡山県・広島県付近での降雨特性

　図7に示されるように（気象庁 2018c），7月5日～8日の3日間について
の積算総降水量が 300mm を超える大変多量の降水が観測された地域は（太
い実線で囲まれる地域），西日本だけでなく，中部地方まで広く分布してい
た。ところで九州の6，7月の月降水量は約 300 ～ 400mm 程度なので，気

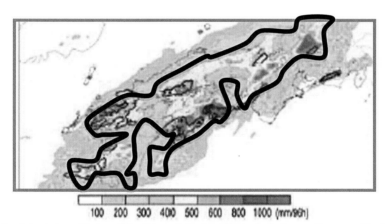

図7　2018年7月5日00JST ～ 8日24JST におけるレーダーアメダス解析
　　雨量による積算降水量（mm）。気象庁（2018c）に掲載された図より抜粋し
　　て引用。積算降水量300mmの等値線を，筆者が大まかに太い実線でなぞった。
　　なお，気象庁（2018c）では，細い実線に関して，「等値線は総降水量に対す
　　る線状降水帯による寄与の割合で，青色（30%）・黒色（50%）・紫色（70%）
　　を示す。」とあるが，本稿ではそれに関する議論は割愛した。

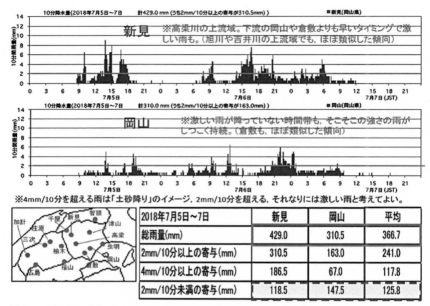

図8　7月5日00JST〜7日24JSTにおける10分降水量の時系列の例（mm/10分。上段：新見，中段：岡山）。新見と岡山も含む下図中の14地点で平均した3日間の総雨量と，「激しい雨」（10分降水量4mm以上）や「それほどまでは強くない雨」（10分降水量2mm未満）がもたらした総雨量への寄与（mm/3日間）。気象庁の観測データに基づき筆者らが解析。加藤・松本（2019）による口頭発表資料より。

候学的には中国地方よりも降水量の多い九州の梅雨期1ヶ月分に相当する雨が，わずか3日間で，より東方まで広範囲で降ったことになる。

　7月6日17JST頃における気象庁のレーダーによる降雨分布図の例によれば（図は略。気象庁本庁のHPで，リアルタイムに参照出来る），九州等での梅雨期の集中豪雨でしばしば見られる降水強度20mm〜50mm/hに達する線状の局地的な強雨域は，この事例でも広範囲に多数出現していた。但し，図8の新見と岡山における10分降水量の時系列で例示されるように（加藤・松本（2019）の口頭発表資料から引用），降水強度のピーク時でも，8〜10mm/h程度であった。勿論，この強度で1時間降水が続けば50〜60mm/

h に達するので顕著な土砂降りではあるが，図4の三入や朝倉におけるほどの記録的な強雨が持続したわけではない。しかし，2018（平成30）年7月豪雨が特に記録的だったと言える点は，①7月上旬での全国平均降水量が，1982年1月上旬から2018年6月下旬までの各旬の値の中で最大だったこと（つまり，ある程度の期間で積算した全国平均の降水量が過去最大だった），②2〜3日間程度の期間での積算降水量の記録的に多い地域が，普段は九州ほど雨量が多くない中国・四国地方の瀬戸内海側も含め，西日本から東海地方を中心に広範囲に広がっていたこと，である（気象庁（2018c）を，筆者が抜粋・補足しながら引用）。

　では，この程度の「土砂降り」は九州の梅雨の集中豪雨では普通に見られるのに3日間で積算した降水量がこれほど記録的となったのは，どのような降水の特徴（降水特性）を反映していたのか，気象庁のレーダーによる降雨強度の分布や（図は略），岡山や新見における10分降水量の時系列に基づく解析を例に，考察して見よう（教材化する際の重要な視点になる）。

　今回の事例で，注目したいのは，降水強度10〜20mm/hや10mm/h未満の，「土砂降りというほどは強くないが，そこそこには強い雨域」が，上述の強雨域の間を埋めて広く分布していた点である。(3) で述べたように，九州で普通に見られる集中豪雨では，上述のような強雨が盛衰をくり返しながら持続する。しかし，2018年7月豪雨では，そのような強雨をもたらすシステムがより広範囲に出現しただけでなく，そのような激しい雨のシステムの，いわば，「間隙を埋める『そこそこには強い雨』((4) までで述べたように「それほどには強くない雨」と言ってよい)」も広範囲に広がっていた。

　ところで，(3) で述べたように，2mm/10分以上の降水は，「土砂降り」とまでは言えなくても，かなり強い雨と見なせる。但し，10分雨量2mm未満の場合でも，春や秋の低気圧に伴ってしとしとと長時間降る「普通の雨」は1時間に数mm程度，つまり0.5mm/10分程度の強さであることが多いので，10分間で1〜2mmの雨も，決して「弱い雨」ではない点に留意したい（「そこそこには強い雨」）。

　図8に示されるように，新見でも岡山でも（特に新見で），10分で2mmあるいは4mmを超える強雨の時間帯は頻繁に現れた。従って，九州での梅

雨期の集中豪雨と同様に，そのような降り方の寄与に伴い総雨量も勿論多くなっていた。しかし，強雨でない時間帯にも，その時間的間隙を埋めるように，「そこそこには強い雨」（「それほどには強くない雨」であるが）が執拗に続いていた点が注目される。このような2mm/10分未満の降水の寄与によって，特に岡山では，3日間で更に合計150mm近くの纏まった雨を，いわば上乗せしていたことが注目される。なお，図は略すが，どちらかといえば県北の方が強雨の寄与は大きかったものの，岡山県と広島県全体としても，強雨だけでなく，強雨の合間に「そこそこには強い雨」（「それほどには強くない雨」）が執拗に続き，そのことも，全体の降水量を押し上げる少なからぬ寄与があったことになる（図8下段の14地点平均値を参照）。

　ここで，(2) 〜 (4) で述べた西日本側（特に九州）と東日本側（特に関東）の梅雨前線付近における，平均的な降水の特徴やそれを取り巻く広域大気場の違いを思い出すと，平成30年（2018年）7月の西日本豪雨時の岡山県や広島県付近では，基本的には九州の梅雨期の集中豪雨時に見られるような降水が頻繁にかつ広範囲に現れるとともに，その間隙を縫うように梅雨期の関東での大雨の際に見られるような「そこそこには強い雨」（「それほどには強くない雨」）が重なっていたと捉えることも出来よう。つまり，九州タイプの大雨と関東タイプの大雨との混在に関連して，双方で総降水量を押し上げた，という見方が出来るかも知れない。

（6）おわりに

　加藤・松本（2019），加藤他（2019）は，(5) で紹介したような特徴の大雨域広がりや関連する大気場に関する解析の中間結果について口頭発表を行ったが，更に今後解析結果が纏まったら，それをもとに教材化を検討したい。

　ところで，本稿で例示したように，梅雨期の降水の特徴は，西日本と東日本との間で，トータルの降水量の気候学的違いだけでなく，集中豪雨タイプ（積乱雲の集団による）か地雨性タイプ（層状性の雲（乱層雲）による）かという降水特性の平均的差異も大きい。従って，特に大雨に関しても，時間降水量や10分降水量を用いて降水特性の違いを把握する授業を構築する意

味は大きいと考える。また，流域での洪水からの防災・減災のための気象・気候に関する見識を育成する上で，自分のいる場所だけでなく上流域での降雨の情報把握も不可欠である。そのためには，降雨システムの空間的広がり（上述の降水特性も含めて）の把握の視点も喚起する必要がある。

引用文献

Akiyama, T., 1973: The large-scale aspects of the characteristic features of the Baiu front（With special emphasis on the relation among the ageostrophic low-level jet stream, moist tongue, convective warming, convergence zone within Baiu front and heavy rainfall）. Pap. Met. Geophys., 24, 157-188.

加藤晴子・加藤内藏進，2014a：多彩な気候環境と音楽表現に関する大学での学際的授業の取り組み―「雨」の多様性を例に―。岐阜聖徳学園大学紀要，53，55-67。

加藤晴子・加藤内藏進，2014b：『気候と音楽―日本やドイツの春と歌―』。協同出版，全 168 頁。

加藤晴子・加藤内藏進，2019：『気候と音楽―歌から広がる文化理解と ESD―』。協同出版，全 206 頁。

加藤内藏進，2002：梅雨。『キーワード気象の事典』，朝倉書店，221-226。

加藤内藏進，2013：季節サイクルの中での豪雨災害ポテンシャル理解へ向けた日本の気候環境に関する教育（梅雨期の大雨を例に）。『生きる力をはぐくむ学校防災』（学校防災研究プロジェクトチーム　編著（代表：藤岡達也）），協同出版，82-98。

加藤内藏進・赤木里香子・加藤晴子・大谷和男・西村奈那子・光畑俊輝・森塚望・佐藤紗里，2012：多彩な季節感を育む日本の気候環境に関する大学での学際的授業（暖候期の降水の季節変化に注目して）。環境制御，34，25-35。

加藤内藏進・松本健吾，2019：2018 年 7 月豪雨時における中国地方付近の降水の解析（梅雨降水の東西差と変動に関わる気候学的視点から）。日本気象学会 2019 年度春季大会での口頭発表（講演番号 D452，2019 年 5 月 18 日）。

加藤内藏進・松本健吾・三宅千尋・熊谷龍慶・山磨貴登，2019：2018 年 7 月西日本豪雨の広域降水特性と大気場に関する気候学的視点も交えた解析（その 2）。日本気象学会 2019 年度秋季大会での口頭発表（講演番号 B205，2019 年 10 月 29 日）。

加藤内藏進・三好正直・瀧川優実・加藤晴子・佐藤紗里・松本健吾・坪和優一・

大谷和男, 2015:『多彩な季節サイクルの中での日々の気象』を捉えるリテラシー育成に向けて。『生きる力を育む学校防災Ⅲ』(学校防災研究プロジェクトチーム　編著(代表:村田　守)), 協同出版, 164-185。

気象庁, 2009:『災害時気象速報—平成21年7月中国・九州北部豪雨—』。気象庁災害時自然現象報告書2009年第1号, 全44頁。

気象庁, 2014:『災害時気象速報—平成26年8月豪雨—』。気象庁災害時自然現象報告書2014年第4号, 全186頁。

気象庁, 2018a:『災害時気象報告—平成29年7月九州北部豪雨及び6月7日から7月27日までの梅雨前線等による大雨等—』。災害時自然現象報告書2018年第1号, 全230頁。

気象庁, 2018b:平成30年7月豪雨(前線及び台風第7号による大雨等)。『災害をもたらした気象事例』(2018年7月13日付の報道発表, 気象庁HP), 全53頁。

気象庁, 2018c:『「平成30年7月豪雨」及び7月中旬以降の記録的な高温の特徴と要因について』。報道発表資料(2018年8月10日付の報道発表, 気象庁HP), 全23頁。

松本健吾・加藤内藏進・大谷和男, 2013:梅雨最盛期における東日本の大雨日の降水特性や総観場に関する気候学的解析(序報)。岡山大学地球科学研究報告, 20, 25-34。

松本健吾・加藤内藏進・大谷和男, 2014:東日本の盛夏期における大雨日の降水の特徴と大気場に関する気候学的解析。岡山大学地球科学研究報告, 21, 33-43。

松本健吾・加藤内藏進・大谷和男, 2015:梅雨最盛期における東日本の大雨日の降水特性(西日本の集中豪雨との違い)。『生きる力を育む学校防災Ⅲ』(学校防災研究プロジェクトチーム　編著(代表:村田　守)), 協同出版, 152-163。

二宮洸三, 2001:『豪雨と降水システム』, 東京堂出版, 全247頁。

Ninomiya, K., 1984: Characteristics of the Baiu front as a predominant subtropical front in the summer northern hemisphere. J. Meteor. Soc. Japan, 62, 880-894.

Ninomiya, K., and H. Mizuno, 1987: Variations of Baiu precipitation over Japan in 1951-1980 and large-scale characteristics of wet and dry Baiu. J. Meteor. Soc. Japan, 65, 115-127.

3　日本初の特別警報と想定外の避難所対応
―2013（平成 25）年 9 月 15 日，台風 18 号への対応の記録―

橋本　三左

（1）特別警報発表前の栗東市の防災対策状況

　平成 25 年 4 月滋賀県栗東市教育委員会学校教育課に指導主事として所属していた筆者は，災害対策支部員（治田支部）を担当することとなった。5 月ごろに辞令がおり，同時に対象者の研修会が行われた。栗東市内 9 学区にそれぞれ 6 名の支部員が配置されており，筆者は治田支部の情報伝達係（市役所との連絡役）であった。

　栗東市は過去 25 年間，大きな災害に見舞われたことがなかった。そのためか，当時の危機管理課の係長からは，筆者に対し，「指導主事は基本的には，支部員に充てることのないようにしてきたが，25 年間何もなかったので，その役割は名前だけだと思っていてくれてよい。」と言われた。災害対策にかかわる職員と課長補佐級以上の職員は，メールアドレスを危機管理課に報告し，市からの防災関係の情報メールが一斉送信で送られてくるようになっていた。また，年一回，市が主催で防災訓練を実施していた。対象学区が順に決まっており，課長補佐級以上の職員と対象学区の支部員，対象小学校の管理職と対象学区の地域住民代表（自治会長，コミュニティセンター長他）が集まって実施していた。

（2）台風 18 号襲撃時の学校の対応

　栗東市では，災害発生時最初に 9 学区のコミュニティセンターや自治会館が避難所となる。災害対策支部長はコミュニティセンター長の連絡先を知っており，避難所開設の際には，いつでもコミュニティセンター長からカギを

預かって開けることとなっていた。各校の体育館も避難所に指定されているため，コミュニティセンターだけでは対応できないときや状況によっては管理職に連絡が届くようになっていた。

2013年の台風18号の際には，治田東小学校が，土砂災害が起きた安養寺山を含む学区であり，多くの避難住民がコミュニティセンターやなごやかセンターに集中した。そのため，学校の体育館も避難所となった。管理職が体育館を開け，避難者の対応は市役所職員が中心であったが，設備等については管理職が手伝うことになった。

また，安養寺山周辺の土砂災害が小・中学生の通学路に及び，通学路の変更を余儀なくされた。そのため，車の通りが多く歩道が狭い道を子どもたちが通ることになり，災害後約1か月間は，当該学校教員とともに，学校教育課の指導主事が輪番で灰塚橋付近（安養寺山のふもと）に立って，登下校支援を行った。

（3）台風18号への初期対応（特別警報発表まで）

まず，台風18号の状況と栗東市の対応状況を整理して表1に示す。9月15日23時過ぎ，災害対策本部設置に合わせ，係長級以上（指導主事は係長級）の職員に参集のメールが配信された。この時は，支部員としての参集ではなかった。当時の学校教育課長に電話で確認したところ，可能な者は参加するようにとのことであった。そこで，ヘルメットと長靴，タオル等を準備し，市から貸与されていた作業服を着て，市役所へ車で向かった。

市役所へ向かった時間帯は，かなりの大雨が降っており，道路は排水が追い付かず冠水し始めている状態であった。市役所の前の道路には，軽自動車がハザードを付けたまま停車しており，冠水して車が動かなくなった様子であった。市役所の敷地の前の道路だけが土地が低く冠水している様子で，コーンが複数置いてあった。市役所職員の筆者は，いつものように市役所南側の立体駐車場に停めることができた。

市役所3階の学校教育課へ行くと，慌ただしく危機管理課が動いており，隣の幼児課，教育総務課にも数名の人が集まっていた。2階大会議室が災害対策本部になり，参集した職員は大会議室に集まるよう指示された。大会議

表 1　台風 18 号の状況と栗東市の対応状況

日時	気象警報，避難指示等	備考
9 月 15 日 11 時 50 分	強風注意報発表	
13 時 54 分	大雨・洪水注意報発表	警戒 1 号体制
18 時 48 分	大雨警報発表	警戒 2 号体制
21 時 13 分	洪水警報発表	
21 時 55 分	土砂災害警戒情報発表	
23 時 00 分		災害警戒本部体制
9 月 16 日 1 時 15 分	上砥山避難勧告発令 （11 世帯 16 人）	災害対策本部体制
5 時 05 分	**大雨特別警報発表**	
5 時 10 分		防災無線：大雨特別警報周知
5 時 27 分		メール配信：大雨特別警報周知
5 時 50 分	安養寺レークヒル避難勧告 （173 世帯 600 人）	
6 時 25 分	目川避難勧告 （790 世帯 2155 人）	
11 時 30 分	大雨特別警報解除	
16 時 05 分	土砂災害警戒情報解除	
16 時 10 分	上砥山避難勧告解除	
16 時 13 分	大雨・洪水警報解除 大雨・洪水注意報発表	
22 時 00 分	洪水・強風注意報解除	
9 月 17 日 13 時 00 分	目川避難勧告解除	
16 時 22 分	大雨注意報解除	
9 月 26 日 18 時 00 分	安養寺レークヒル避難勧告解除	応急復旧対策が完了し，地盤監視体制が整ったため
10 月 28 日 15 時 00 分		災害対策本部体制から災害復旧対策本部体制に移行

室では，市長をはじめ多くの職員が，市内地図を広げながら，現状の把握等に声が飛び交っていた。

　市長が，集まった職員に対して，今回の台風による災害がこれまでに経験

のないものであり，職員の協力が必要であることを伝えた。参集した職員には順番に配置先が告げられた。筆者は自分が治田学区支部員であることを伝えたが，今は関係なく配置してほしいと言われた。その後，災害対策本部の職員に言われるまま，渡された紙に自分の名前を記入し，公用車のカギを渡され，参集した園長（課長級及び課長補佐級）3名とともに，葉山東学区ニューハイツ自治会の避難場所へ向かった。

　9月16日葉山東学区ニューハイツの自治会館に到着すると，既に2〜3組の家族が避難していた。筆者たちは，自治会館の大広間に座布団を並べ，避難者に休憩してもらうように準備した。また，避難者の確認をするように指示されていたので，住所，名前，年齢を記入してもらった。

　深夜2時頃まで，住民の方が避難に来られ，朝までには14名ほどになった。自治会館には市役所から何度となく電話がかかり，避難者人数を報告していた。電話は対策本部や危機管理課からであったり，対応にきている筆者たちのメンバーを確認する電話だったりと，市役所の対策本部が混乱している様子が理解できた。その間にも，市役所から届く毛布やクラッカー，水を避難者に配布した。午前4時頃には，筆者の仕事も少し減り，自治会館の入り口の広間で座ったままであったが，2名ずつで仮眠をとるようにした。毛布や水，クラッカーは住民の分しか届かず，自分たちは，たまたま園長が持参していた500mlの水1本を4人で分け，その夜をしのいだ。

（4）特別警報発表後の対応

　その後の状況を筆者の動向を中心に時系列に沿って記載する。午前6時頃に市役所から避難者用に菓子パンが届いた。筆者たちの分はなく，全て避難者に渡した。6時30分頃，市役所から筆者の携帯電話に連絡があり，治田学区支部員を参集するとのことであった。筆者は，市役所に戻るには4人で乗ってきた公用車しかないため，1人だけ戻ることは難しい現状を伝えた。7時頃から，避難者は自宅の様子を見に戻り始めた。ニューハイツ自治会にある池のほとりの家の一部が，池の方に土台が崩れており危険な状態であった。電信柱も傾いていた。

　昼頃には，同自治会の市議会議員も自治会館に様子を見に来た。その議員

は避難者，筆者たちにおにぎりを1つずつ差し入れした。電線はすぐに電力会社が対応し，危険な家の住民は親戚の家に避難することになり，昼過ぎには避難者は全員帰宅した。

筆者たちも14時ごろ市役所に戻り，災害対策本部に報告と公用車のカギを返却した。ところが，その場で，「橋本さん（筆者）は，治田学区の支部員ですよね。コミュニティセンター治田にいるはずですが…。すぐに，コミュニティセンター治田へ行ってください。」と言われた。係長以上参集に従い災害対策本部の言う通りに動いていたはずであったが，災害対策の学区支部員との兼ね合いが考慮されていなかったこと，避難勧告の時間が治田学区は翌16日午前6時25分で，その後に避難指示が出た（金勝川の決壊による避難指示のため，大雨の後の避難であった）ことにより，筆者の動静が災害対策本部では，把握しきれていなかったようだった。

災害対策本部も，今回の対応が初めてであったこと，災害対策本部の指示する担当者も交代しながら対応していたため，連絡ができていなかったこと等，混乱していたとは考えられる。しかし，ほぼ不眠で戻った筆者は，昨夜，氏名や治田学区支部員であることも伝え，今朝6時半過ぎの電話ででも状況を伝えたにもかかわらず，全く本部が把握していないこと，不眠で対応している職員が支部員の仕事をしていなかったかのような扱いをされたことに，納得がいかなかった。しかし，治田学区支部員であることには変わりないため，学校教育課長に現状の報告だけ行い，そのままコミュニティセンター治田へ向かった。

15時頃，コミュニティセンター治田に着くと，治田学区支部員が全員揃っていた。他の支部員は今朝の6時半過ぎからコミュニティセンター治田に集合していたとのことであった。私は事情を説明し，避難者対応に加わった。しかし，コミュニティセンター治田の多くの避難者が一度，家の様子を見に行ったり，荷物を取りに行ったりして，18時頃までは，ほぼ支部員の5名で現状を話していた。治田学区は，15日夜から降り続いた雨で，金勝川の一部が決壊し，目川自治会の一部の家が浸水，倒壊の危険があった。

18時頃，家屋が危険な状態である3家族がコミュニティセンター治田に戻ってきたが，コミュニティセンター治田よりも家に近い目川自治会館に避

難したいと言った。そこで支部員は市役所と連絡をとりながら移動した。しばらく避難生活が続くような状況であるため，支部員5名でローテーション表を作成し，2人体制で午前8時から午後2時まで，午後2時から午後8時まで，午後8時から翌朝8時までの3ローテーションを組んだ。前日の夜，不眠の筆者は，翌日の午後2時からの担当にしてもらい，19時ごろ帰宅した。

　9月17日以降，2人体制の3ローテーションを5人で回すため，多い日は午前8時から午後2時までと，午後8時から翌朝8時まで目川自治会館で避難者対応にあたることもあった。市役所から避難者対応が最優先の業務と連絡があり，その対応のため，学校教育課所属の筆者の本来の業務は極端に進まなくなった。そこで，必要最低限の業務を避難者対応の隙間に行った。家にはシャワーを浴び，わずかの仮眠だけを取る日が続いた。その時の勤務状況の一部を表2に記す。

表2　勤務状況の一部

8：00 ～ 14：00	目川自治会館　避難者対応
14：20 ～ 18：00	学校教育課勤務
18：00 ～ 19：40	自宅に帰りシャワーと食事
20：00 ～　8：00	目川会館　避難者対応
8：20 ～ 13：30	学校教育課勤務

（5）避難者対応の内容とその状況

　ここで，今回の特別警報発表時の避難者対応について振り返ってみる。まず，避難者に寄り添って話を聞き，その要望や対応への不安などを市役所に伝えることが求められた。それに対しての市役所からの連絡等を避難者の方に伝える。また，近所の方や避難者の知り合い等が来られるため，その来客への対応も必要であった。基本であるが，最後まで避難されていた2家族にいたるまで，支部員の分とともに食料を受け取り，配布する。避難所には残らなかったが，家が浸水後で困っていた2軒の家には食料品を届ける。

　治田学区は10日ほど避難所を開設していた。昼間は，避難者も仕事に行ったり，家の片づけや荷物の整理に戻ったりすることが多かった。その間を利用して，目川自治会館の掃除や被害状況の様子を見に行くこともあった。夜

間は，市役所との連絡以外の大きな仕事はなかったため，自分のノートパソコンを持ち込み，可能な仕事をしていることもあった。避難後，1週間が経った頃，市役所の危機管理課や他課の職員も来て，避難者への説明会（主に市の住居斡旋や補助金，河川工事の予定等）を開いていた。

　当然ながら，支部員として困ったことは多々あった。食料品は市役所から定期的に届くが，最初の頃はほとんどが菓子パンであった。しかも，量が多かった（スーパーからの支援品もあった？）。2日ほどで賞味期限になるが，避難者の前で破棄することもできず，支部員が食べたり，持って帰って廃棄したりすることもあった。筆者たちもほぼ毎食が菓子パンであり，辛かった。ただ，7日目を過ぎた頃から，市役所も混乱が少なくなり，避難者の要望に応える食料品が提供された。

（6）その後の経過と避難所運営を振り返って

　業務としては，最後に市への報告が挙げられる。治田学区支部員がいよいよ解散することが決まった日に，支部員全員で目川自治会館に集まり，会館の掃除と支部員として対応したことや困ったこと等，市へ報告する内容を相談した。本報告はその一部であるので，報告内容の全てではない。また，後日，勤務状況を細かく入力するフォームが支部員にメールで送られ，時間に応じて緊急対応のための特別手当が支給された。

　今回の対応は，文字通り全体の奉仕者として，避難所運営にあたらざるを得なかった。体力の限界を感じたこともあるが，今振り返ると，それなりに得たものも多い。例えば，学校教育課に所属する筆者は，日常，他課の職員と話す機会は少なかった。支部員のメンバーとは，仲良くなり，市役所での知り合いが増えるきっかけとなった。組織の課題としては充指導主事の筆者が，避難者対応を中心にすることで，他の学校教育課職員等に負担が増えることもあった。そのため，今後，充指導主事には，支部員をあてないように課長レベルで協議されたと聞く。

　避難者対応で大切なことは，避難者が少しでも安心できるようにすることである。市役所の職員として，市民の要望を聴く姿勢の大切さを学んだ。この台風18号で栗東市は1名の方が亡くなったこともあり，安養寺山が土砂

崩れを起こし，金勝川が決壊したため，市の災害対策について，マスコミから追及されることもあった。危機管理課にはNHKやBBCが連日取材に来ていた。栗東市として，今回の災害対策から，早めの避難や災害対策本部の設置，職員参集の基準などが見直された（平成29年には，危機管理センターが増設）。筆者はその後，2016（平成28）年まで栗東市教育委員会事務局に勤めたが，この台風以降，市はかなり対応が慎重になったように感じる。

　台風の上陸や警報が発表されると，本市に限らず，行政職員の対応が想定される。栗東市は，避難所が学校の場合でも，基本は市役所の支部員（支部長）がコミュニティセンターと連携して，学校の体育館を開けることになっている（学校の管理職にもすぐ連絡がいくと想定できる）。行政職員が市民のために働いていることを改めて実感した機会でもあった。

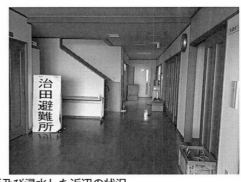

写真　避難所及び浸水した近辺の状況

写真　台風18号通過直後の復旧状況（栗東市）

4 災害時における「避難所運営」の実際と課題

阪根　健二・太田　泰子

（1）学校における避難所の現状

　学校は，本来教育施設であり，災害発生時での教職員の役割は，児童生徒等の安全確保や安否確認はもちろんのこと，学校教育活動の早期正常化に向けて取り組むことである。しかし，大規模災害が発生した場合には，すでに避難所に指定している学校だけでなく，指定していない学校にあっても，校区といった「地域コミュニティ」の中心であるため，緊急の避難所となることが予想され，実際にこれまでの災害においても，こうした事例が各地で見られた。

　特に，昨今の集中豪雨や台風などにおいて，予測超える被害となっていることから，緊急に被害者を支援する場として，学校が避難所というとなっている。これは，学校施設にはある程度収容できる教室や体育館があり，運動場も駐車場として使用できるという利点がある。また，仮設トイレの設置や支援物資の荷下ろし，配布にも適していることで，避難所となり得る特徴がある。これは，学校設置者が自治体であることが多く，そこに在職している教職員の服務監督権者であるため，都合がよいからだろう。

　国においては，2013（平成 25）年 6 月に改正災害対策基本法を公布し，指定避難所が定義付けられるなど，市町村等の避難所運営に係る責務を強化した。その後，「避難所における良好な生活環境の確保に向けた取組指針」（内閣府平成 25 年 8 月）や，「避難所運営ガイドライン」（内閣府平成 28 年 4 月），「福祉避難所の確保・運営ガイドライン」（内閣府平成 20 年 6 月平成 28 年 4 月改訂）など，市町村等の避難所運営に係る方針を明確にしてきた。このよ

図1　鳴門教育大学学生と地域住民との避難所運営訓練（徳島県阿南市，2017）
　　阪根撮影

うに，多くにガイドラインが発出されているのである。

　さて，発災直後には市町村の防災担当部局が，緊急の対応や移動などで，学校に設置された避難所（以下，学校避難所）の運営体制に関わることとなっている。しかし，実際は極めて困難な状況であり，一定期間は教職員が避難所運営を行うことになることになる。ただ，これまでの事例から教職員が運営した方が，より実効性があったという報告も聞かれる。

　このような実態から，文部科学省は，各都道府県教育委員会・各指定都市教育委員会に対して，「大規模災害時の学校における避難所運営の協力に関する留意事項について」（平成29年1月）の通知を行った。翌年には，「平成30年7月豪雨」により，教育委員会に対して，再度必要な指導，助言又は援助を行うように周知した。

　現在，行政等関係機関からは，「学校危機管理マニュアル」の作成の指示だけでなく，「学校再開マニュアル」や指導資料などの作成を指導されている。そこでは，避難所の設備の充実，ハザードマップの改訂，避難訓練など，改善対策も含まれているが，地域差は大きい。比較的災害が少ないと思われる地域では，対策は遅れがちであり，これが，2018年の西日本豪雨災害や，台風の進路にならないと思われた関東や東北，信州における2019年の台風

19号災害とその後の豪雨災害がその例である。毎年のように発生し，想定を超える範囲・規模の自然災害があることで，職務外であっても，教職員が避難所運営を行っているというのが実態だろう。ただ，多くの教職員はその経験がなく，マニュアルに頼るという現状がある。

　ここでは，災害時における避難所運営の実際はどうであったのか，またどう変化し，何が課題であったか整理し，これまでの災害対応の教訓をもとに，学校避難所の運用の方策について検討したい。

（2）学校避難所は必要なのか

　これまでの大規模災害の経験から，発災直後には被害状況を把握することに追われる。また，停電や断水などのライフラインの寸断があると，混乱に拍車がかかる。そうなると，学校の教職員が避難所運営の協力を可能な限り行わざるを得ないことになるが，一方で教職員が避難所運営に協力した結果，その後に防災担当部局や自主防災組織に，避難所運営をスムーズに移行し，早期の学校再開につながった事例もある。また，学校という場は，バリアフリーなどの配慮が進んでいることもあり，福祉避難所となることもあるが，この点では教職員は一般住民よりも対応が慣れている。このように，学校避難所は，今や防災拠点となるのが必定であろう。

　では，実際はどうであったのか，東日本大震災で大きな被害を受けたが，その中で，避難所運営や学校再開がスムーズに進んだと思われる岩手県内の学校避難所の運営を参考にしてみる。

（3）宮古市立愛宕小学校における避難所の運営の実際

　2011（平成23）年の東日本大震災から9年が経ち，小学校では，子どもたちでさえ震災後に，生まれた子供たちが入学してきて震災の記憶を持たない。一方，当時の管理職や中心となって動いてきた人々や地域の方も，学校の現場を離れたり，異動したりしている。このような中，避難所運営の実際と課題を知るために，震災当時，宮古市立愛宕小学校校長（現盛岡市立本宮小学校；2019年12月取材時）の古玉忠昭氏に，当時の状況をインタビューし，そこから貴重な教訓が得られた。

　同校は，2011年3月11日の東日本大震災に際し，早い段階から住民主体の避難所運営が可能となった好例である。これは今後の学校避難所の開設において，大きな教訓となる。ここでは，地域の人々の話し合いや工夫による，情報伝達の方法や物資の分配の方法が良い効果を導いたが，これは他の避難所でもみられた点である。

　そもそも，この地域の太平洋沿岸は地震・津波の被害など自然災害は多く，以前からの防災教育が実施されていて地域全体で取り組みがあった。それにもかかわらず，想定を上回る被害があった訳であるが，そうした中でも，平時の準備が対応の根幹であり，これが運営のスキルや協働につながることが，インタビューで指摘された点である。一方，学校再開に向けては多くの課題を持っていることも明らかになった。

　ここでは，発災当初の住民主体の避難所運営に心がけることの重要性が指摘された。それは以下の内容に集約される。

・課題解決に向けて，早期に体制つくりをして，目標を設定し，実態に合わせて民主的な解決を促すこと

・管理職や住民代表のリーダーシップ，情報伝達のシステム化を図ること

・学校としての業務を再開して，状況をみて積極的に節目をつけること

1．発災当初の住民主体の避難所運営

　学校が避難所となっても，施設の責任者は校長である。また，避難所運営の組織を創設する必要性に迫られた時は，校長のリーダーシップが重要である。発災直後は，様々な問題が発生し，その都度直面する問題を適切に解決することが求められるため，その判断力が重要になる。しかし，それだけではうまく運営できない。ここでは，避難してきた学区の自治会長と校長との二名体制で避難所運営にあたったことがポイントとなった。当時の校長である古玉氏は，避難所運営でうまくいったこととして，自治会長と一緒に避難所を運営したことをあげている。その役割分担は，自治会長が避難所運営の責任者であり，校長は行政とのパイプ役と学校の施設・設備，学校の子供た

ちに関わることを決定する役割を担うであり，それぞれが分担したことにある。また，日々変化する課題や問題点など直面する問題は，避難所の運営組織で話し合って，民主的な運営に努めたのである。

　ここで特筆するところは，避難の方々からの意見を引き出すことや，情報を引き出すために，各避難場所（教室）の中から，班長を2名ずつ出してもらって，話し合いの中心メンバーに加えたことにある。

【インタビューから】

　責任者の自治会長と私（校長）の二人をトップとして，部屋ごとに班長を二名ずつ出してもらって，毎晩何時頃だったか，夕食後の夜7時位から，避難所運営の会議を毎日やったんですね。そこで困ったことや，困ったこと以外にも出てきた要望について話し合ったのです。そうした対応で困ることもあるわけですが，そういったことについて話し合って，「ではこうしましょう」と，できる範囲内で決めて，それを実行したのです。その内容などを部屋ごとに班長が伝えて，翌日には変えられることがあれば，変えていったということです。

　学校の職員だけで運営するとなかなかうまくいかない訳で，住民に直接指示や要求する立場にはないのです。そこに，運営者が同じ被災している地元の人ということで，これだけのことで，だいぶ変わります。大切なことはここではないかと思いました。避難所に身を寄せている方は被災しているので，それだけでも同じ気持ちだとわかっていますので，あまり感情的な要求をして来なかったのです。

　これらは「平等であること」をビジョンとし，問題解決方法も随時変えていったということである。また，古玉氏は，災害弱者（このままだとせっかく避難したのに，死んでしまうのではないかと不安をもっている方々）の範疇となる人がいることを，一早く気付いており，どういった方々が避難してきたのかという点まで注目していたのである。

【大災害において，避難所に来る様々な方々のパターン】
・その地区に仕事でいる方（昼間であったため）
・その地区に住んでいる方（終日）
・たまたまその地区にいた方（仕事や旅行という側面）

　ここで大切なことは，災害弱者をどうするかということが，避難所運営の当初の課題であり，どういう情報を得て，どこでどう連携したらいいかということを着目し，そのために，一番始めに災害に対して弱い方を把握し，対応をしていくことを真っ先に行ったのである。

【インタビューから】
　この“平等”という点が難しいですね。学校に避難した方々に対する平等性もありますし，一方でまた，避難所に入らないんだけれども，避難している人たちもいるわけです。まず，避難所には避難物資がたくさん来ます。民間からも持ってくるし，自衛隊も持ってきます。それから，近隣の商店もです。小学校は商店街のすぐそばだったので，どうせ腐るからというので，海産物なんかもいただくわけです。でも，どうしたって，人数が多いので，平等にはいかない。食べるものに関しては，平等な数だけくればいいんだけれども，決してそうはいきません。沢山くれば分けることができるし，リンゴのような場合は切って分けることができます。しかし，そうでないものも多いのです。そのため，避難している方々については平等にできないものについては，処理の仕方も工夫しました。様々な支援物資でたとえば下着や新聞などの数が限られているものは，支援物資の置く場所を決めて，自由に持って行っていいということにしました。ただ，食べ物だけは管理しました。これについては大きな混乱はありませんでした。そうやってよかったと思っています。

　こうした支援物資の分配の問題は，阪神淡路大震災でも指摘された点である。同校では，それが円滑に対応できたという点は，今後の学校避難所の運

営の在り方に特に参考になる。

　次に，情報をキャッチして，直面する課題を把握し解決方法を話し合うだけでなく，共有することである。

【インタビューから】

　様々な要望や情報が交錯しましたが，健康面を最大限考慮しました。あとは，物資を平等に分けるとか，生活上の様々な問題，お風呂問題もありました。被災されていますから，弁護士相談もありました。また，補聴器や眼鏡についても，様々な業者の方々が，無償提供，無償修理，無償相談とかという申し出があったので，それらの情報をキャッチして流すことと，そういう情報を避難所に入ってない方々にも流さなければいけないので，防災無線を使って知らせました。

　情報をもらう，それをきちんと伝達する，そういったことが，避難所運営で課題でしたが，これができるかどうかということは重要でした。

　東日本大震災では，学校避難所を運営していた学校長たちは，それぞれの手法に違いがあったものの，いずれも全てが任されており，重責を担っていた。大災害だけに，多くの遭難者や避難者もいるため，様々な事柄の配置などにも，特別の配慮が必要であったと思われる。

２．学校を再開しないといけないということ

　学校の立場から考えると，学校を早期に再開しなければならないことは，大きな課題であり，目標である。その際，学校運営と避難所運営とに折り合いをつける必要が出てくる。これも，差し迫った問題であり，これに向かって民主的な解決を図る必要がある。

【インタビューから】

　教職員の立場からでいうと，学校を早期に再開しないといけないという，大きな課題がありました。すると，学校運営と避難所運営とで折り合いをつけなければいけない訳です。そして，仮設住宅などの問題もありました。

どういう形で学校を再開しなければならないかを検討してきましたが，宮古市は，4 月 25 日を始業式として一斉に行うことを，市教委が決断しました。これは何を意味するかというと，宮古市は大変広いので，全く被災していない地域もあったからです。でも，被災している被災していないにかかわらず，4 月 25 日まではどの学校も始業式をしないこととなり，4 月 25 日に一斉に始業式を実施するということになった訳です。つまり，それまでに学校体制を整えるということなんで，全て校長に任されていました。

　私の学校では，体育館は寒いので，各教室に分けて，被災者に対応していました。そうすると，学校再開できないのです。そこで，もう一回避難場所を体育館に戻ってもらうことを，被災者たちに説明をしました。そして，体育館で生活できるための様々な物資を，市担当課にいろいろ相談して，持ってきてもらいました。例えば，段ボールみたいなものでパーテーションを作るとか，下にひくマットを人数分用意するとか，布団を用意するとか，瞬間湯沸かし器を用意するとか，衛星電話を用意するとかで，洗濯物を干す場所を用意するとかも含め，様々な配慮を行いました。住民から要求を聞いて，それを全部そろえたんです。その上で体育館に移動してもらいました。

　25 日が再開日だったので，その前に移動してもらい，後は，職員で教室を原状復帰するという形で対応しましたが，避難した方々はほとんどが地元の住民の方々であり，ほとんどが愛宕小出身の人たちだったため，自分たちできれいに掃除してくれました。被災した方々，みんなが行なったのです。これまでも部屋ごとに，今日はこの部屋が食事当番，今日この部屋が掃除の当番とか，自分たちが決めて，なんかローテーションを決めてやっていたみたいですが，結局，私たちが言わなくても，住民が最初から主体的に参加していると，自分たちもやらなければという意識が出てくるようです。つまり，住民主体の運営というのが，後々まで響くのだと思うのです。

地域のコミュニティの重要性が，このインタビューからも明らかに分かる。

平素の連携が，災害時には大きな糧となるといえよう。さらにインタビューでは，卒業式の実施によって「子供は地域の宝」ということが見えてきた。

【インタビューから】
　平素の学校行事はしなくてはならないのです。子どもたちがいますからね。住民が言う通り，小学校の卒業式は一生に一度です。そこで，できる状況にあることが分かったことで，予定通りの日程で実施しました。ただ，いろいろな配慮はしました。式を短くすることも必要でした。余震が続いていましたので，私の祝辞も短いものにして，大事なことは，一人ひとりの名前をちゃんと呼んで，証書を渡すこと，それを保護者に見てもらうことです。それを中心に実施しました。
　まだ，震災後一週間であり，余震が続いていましたが，式中は起きませんでした。この時は，住民のことを考えれば，やらない方が良いのかなとか，いろいろ迷いはあったんですが，学校に被災者がいるという事実と，子どもの卒業式と天秤にかけることは出来ないと考えました。ただ，犠牲者が出ていればできなかったかも知れません。児童全員無事であり，保護者も無事だったことで，実施できたと思います。もちろん，自宅が被害に遭った者はたくさんいましたが，卒業式はやりたいということで，保護者の方にも確認して，実施することにしたのです。これは，やってよかったなと思っています。特に後押ししてくれたのは，結局は住民の方々だったので，避難所運営をするときには，学校サイドが中心か行政サイドが中心かというよりも，やはり住民主体の運営が，こういったことに関わるのです。どんなに被災していても，住民が運営に関わっているということは，すごく大事なことだと思いました。

　実際，卒業式は発災から7日後の3月18日に行われた。再災害の規模を考えると，極めて早い実施である。子どもは全員無事であり，保護者と登校の安全等の条件が整ったために，避難所内で卒業式を行った。
　式場には誰が用意したか花が生けてあり，門送りでは，避難所にいたたくさんの人たちに送られた。その時の子どもたちの様子が，地元新聞でも伝え

図2　岩手日報　2011年3月19日付

られている。やはり，子どもは地域の宝である。

3．今後の危機に備えるために

　今回の大災害に見舞われ，その対応の実態を踏まえて考えると，事前に準備していたこと，新たに出現する課題への対応という2つの視点で捉え直すことができる。なお，古玉氏が「岩手県の誇れるところ」として語られたことは，県がもつ文化であり，宮古の地域性があるかも知れない。粘り強く，協力する姿勢は頭が下がる思いである。それ以上に，管理職の判断力とリーダーシップは，今後の災害対応への教訓として残していきたい。

　さて，岩手県沿岸部では，過去から津波に関わる教育を継続的に実施している。それは，岩手県沿岸には津波の歴史があること，数々の先人からの言い伝えがあり，例えば，「つなみてんでんこ」，「ここより下に家を建てるな」というは有名である。また，津波に対する訓練も各地域で実施しており，津波防災のための様々な施設・設備も拡充されている。学校内にも，毛布や食料品・組み立て式簡易トイレなどが常備されている。津波に対する意識，備えというのは，岩手県の沿岸はかなりあり，それが生きたと思われる。

　しかし，津波被害が繰り返されていても，その教訓が生かされず，現在に至っているともいう。何十年立つと，記憶が風化し，危機感がなくなるからである。だからこそ，教育は重要であり，防災教育とか復興教育を通じて，

自然災害には常に備える必要があろう。災害は防げないけれども，被害は防げるという意識を持つべきであろう。

4．学校間連携の効果

　被災地では，各学校の校長のリーダーシップのもとで，復旧・復興に向けて動き始めた頃は，被災地区の課題が，それぞれ異なり，それに対応した支援を考える必要があった。そこで，「横軸連携」によって，沿岸部と内陸部の交流により，学校避難所への支援が早期につながったという。一地域だけに任せず，総合的に広域的に取り組むことである。

　そもそも，秋田県と岩手県をつなぎ結ぶ国道は，これまで，多くの産業と文化交流のエントランスとして，住民や旅人の往来を活発にするハイウェイとして，「みち」という多種多様な役割を果たしてきたという歴史がある。岩手県の教育においても，沿岸部と内陸部には「横軸連携」があり，震災もこの連携で乗り越えてきたという。こうした学校間連携も必要な視点といえよう。

（4）学校避難所に関する「国レベル」の取組

　今や災害はどこで発生してもおかしくない。つまり，どの学校も被災したり，避難所になったりするのである。そのため，文部科学省は，「大規模災害時の学校における避難所運営の協力に関する留意事項について」の通知を行っている。

　これは，2016年に発生した熊本地方や鳥取中部を震源とする地震や，数多くの台風等により発生した大規模災害の際，知育やコミュニティの中心である公立学校が避難所となり，数多くの避難者を受け入れ，学校の教員が避難所運営に協力したことに鑑み，文部科学省が発出したものである。

　そこには，次のような内容が示されている。細かい点まで盛り込まれているが，これも教訓から得られたものであろう。

1．学校が避難所になった場合の運営方針について
2．学校の組織体制の整備について
3．災害時における教職員の避難所運営への協力業務と教職員の意識の

118

醸成について

4．教職員が避難所運営の協力業務に従事した場合の服務上の取り扱いについて

5．防災担当部局との連携・協力体制の構築

6．地域との連携・協力体制の構築について

7．教育委員会の連携・協力体制の構築について

8．教育活動の再開について

文部科学省，平成 29 年 1 月，「大規模災害時の学校における避難所運営の協力に関する留意事項について」（28 文科初第 1353 号）抜粋

また，学校施設については，「避難所となる学校施設の防災機能強化の推進について」（文部科学省大臣官房文教施設企画・防災部長，元文科施第 177 号，令和元年 8 月）では，学校の施設は，子供たちの学校・生活の場であるとともに，非常災害時には地域住民の避難所等としての役割も果たすことから，その安全性の確保と防災機能の強化がきわめて重要としている。また，「避難所となる公立学校施設の防災機能に関する調査」を次のように取りまとめた。

・防災担当部局も含めた必要な関係部局と共有した上で，各地域の実情を踏まえ，防災担当部局及び地域の関係者との適切な協力体制の構築を図る。

・関係報告書を積極的に活用し，避難所となる学校施設の防災機能の強化を図るとともに，避難所となる学校施設の防災機能の強化を一層推進する。

・災害が発生した場合に保有する防災機能を適切に活用できるよう，備品・物品の点検や訓練を定期的に行う。

これ以外に，福祉避難所や危機管理マニュアル，安全に対する地域単位の取組もなされており，例えば，障がいをもった方々のための防災や避難対策として，安全に避難するために特別な配慮が必要となるため，当事者と支援

者にわかるようなマニュアルができている。また，学校保健の避難所運営に対する備えや，心身に特別な配慮が必要な場合，適切な対応ができることや，特別な配慮が必要な場合は，当事者を含む支援の計画が必要になることなど，心の健康についても，種々な対策の取り組みが報告されている。

（5）避難所運営における学校の在り方

さて，学校と避難所の関係性や在り方を整理しておく。

①避難所運営や学校再開の事前計画を策定し，施設設備の準備を当事者主体で検討する
②平素から，地域などと「ゆるく繋がる」協働体制がある
③通常の教育活動を活かして，防災・減災の内容を，学校内外で共有する

これらは，平素の対応がポイントになっている。つまり，安全構築に向かう学校づくりの必要性はもちろん，ニーズを見極め変化に対応する力の育成などが必要であろう。そのため，幼児・児童生徒等を主体とした体制づくり

図３ 徳島県鳴門市における自主防災組織による避難所設営訓練（徳島県鳴門市内小学校体育館，2016.3）阪根撮影

も重要であり，そこでは，知識・技術を持ち，それを活用することができる力を育てることにより，想定外の出来事・変化する状況にも対応できる未来の地域防災リーダーを育てないといけない。また，学校現場と地域のつながりが，いざという時に臨機応変に働く力になることから，日常からゆるく繋がっておくことなど，これまでになかった災害対応への考え方を，一層広げておく必要があると思われる。

（6）おわりに

　自分の日常生活を振り返り，災害に対する備えにはどのようなことが必要か確認し，いざという時に自分の力で自分たちを守ることができるように，自助のための基礎的・基本的な技術や知識を身につける必要があろう。また，避難先等における共助のために自分ができることを考え，それらを行動に移すために工夫することも重要である。

　また，避難所では，幼児や児童の遊び場も提供できるようにしておくと，管理しやすくなる。その場合，スペースをとらず，簡易な遊びが望ましく，幼児が熱中できる遊びも提唱したい。

註：本節では，2019年12月に，岩手日報社編集局礒崎真澄氏の紹介で，震災当時，宮古市立愛宕小学校の校長であった古玉忠昭氏（取材時に盛岡市立本宮小学校長）に，執筆者の一人である太田泰子（兵庫教育大学連合大学院博士課程，岡山県和気郡和気町立和気中学校養護教諭）が，直接インタビューし，それをまとめたものです。貴重な教訓をいただき，この場を借りて御礼申し上げます。

参考文献
・安梅勅江『コミュニティ・エンパワメントの技法　当事者主体の新しいシステムづくり』医歯薬出版株式会社，2005年。
・今井博之　ハドンのメトリックス：感染症制御の疫学的手法モデルの傷害疫学，2010年。
・岩手日報　2011年3月19日付。
・藤岡達也，「大規模災害時における避難所運営」『2019年度版　必携教職六法』

834 頁，2018 年。

・盛岡市教育委員会「盛岡市教育復興運動 11 次 5 か年計画」（平成 28 年）
・文部科学省「大規模災害時の学校における避難所運営の協力に関する留意事項について」（28 文科初第 1353 号），平成 29 年 1 月。
・文部科学省「避難所となる学校施設の防災機能強化の推進について」（文部科学省大臣官房文教施設企画・防災部長，元文科施第 177 号，令和元年 8 月 28 日）。

吉川　武憲

5　地震防災学習は何からはじめるべきか
―繰り返される地震とその対応―

（1）はじめに

　2019（平成31）年2月に政府地震調査委員会から発表された長期評価によれば，M.8～M.9クラスの南海トラフ地震の発生確率は，ここ30年以内で70%～80%となっている（地震調査研究推進本部，2019）。首都直下地震の発生も同様に危惧されている現状において，地震による大規模災害はいつ発生してもおかしくないと認識しておかなければならない。

　このような状況にあるにもかかわらず，私が毎年実施している地震防災関連の教員免許更新講習に参加している先生方の様子等を見ていると，一部にしっかりと地震防災に取り組んでいる学校があるにはあるが，依然として取組が進んでいない学校は多いと推測できる。

　筆者はその講習において，地震防災に関する基本的な認識をもってもらうために，"地震時の対処法を考えよう"というテーマで○×クイズを行っている。そのクイズの中には，「大地震が発生しました。どしゃ降りの雨だったので，子どもたちを体育館に避難させました」という問題を入れている。筆者は自信をもって○だと言い切るが，参加者の多くは避難場所＝運動場という凝り固まった認識しかなく，それ以外の選択肢はもっていない方がたくさんいる。また，その研修の感想を読んでいると，地震防災をこれまで他人事のようにしか考えていなかったという自戒の念をいだく先生方がとても多いのである。

　しかし，いざ地震防災に対する自分の認識不足が理解できたとしても，いったい何から手をつければよいのかがわからない先生方も多いのではないだろ

うか。ここでは，地震に対する防災意識が低い地域の先生方を対象に，子どもたちに対してどのような防災学習からはじめるべきかについて，筆者の考えを紹介していきたい。

（2）防災意識の低い地域の子どもたちに何が足りないか

　教育は子どもの実態に合わせて行われなければならない。その意味で，地震防災に対する意識が高い地域と低い地域では，防災学習の内容が違うのは当然である。ここでは，地震防災意識が低い地域に絞って考えていくことにするが，その理由は，筆者がそのような地域でかつて中学校教員をしていた経験から，そのような地域の地震防災に対する教員の認識に危機感を感じているからである。

　最初に，地震防災の意識が低い学校の子どもたちの実態を紹介する。以前に出版した「生きる力を育む学校防災Ⅲ」に書いたデータの一部を再掲する（図1，吉川・村田，2015）。このグラフは，地震防災の意識が低いと考えられる香川県にある2つの中学校に依頼して作成した，自分たちの住む地域に起こる災害の程度に対する認識と防災行動の実行の程度との関連を表したものである。対象は中学3年生363人である。この図を見ると，地震にしても津波にしても，自身が感じている被害の大きさと防災行動の程度の大きさの関連性がほとんど見られない。わかりやすく言い換えると，命の危険があろうがなかろうが，自分が起こす防災行動の程度に変化はみられないということである。おそらく大部分の生徒は，自分の命を守るためではなく，親に言われたから，先生に叱られるからというような理由で，避難訓練などの防災行動に取り組んでいるのだと想像できる。ここには主体性はなく，誰かに言われるままにしか行動できない可能性を秘めた子どもたちの実態が見えてくる。自分の命を守るという意識がきちんと備わり，行動の方法が理解できていれば，誰かに言われなくとも適切な行動がとれるはずである。私たちはそのような子どもを育てる教育を行わなければならないのである。

　それを示してくれたのは，釜石の子どもたちである。東日本大震災が起こったときには，釜石市の小学生のほとんどが学校にはいなかった。大部分の小学校が午前中短縮授業だったからである。しかし，様々な場所に散ら

（1）自分たちの住む地域に起こる地震の程度の認識と避難場所等についての質問に対する回答の関係

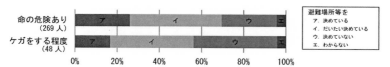

（2）自分たちの住む地域に起こる津波の程度の認識と避難場所等についての質問に対する回答の関係

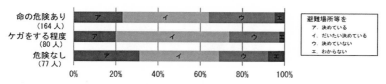

（3）自分たちの住む地域に起こる津波の程度の認識と浸水範囲についての質問に対する回答の関係

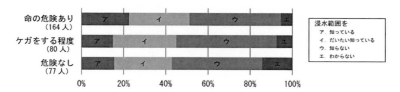

（4）自分たちの住む地域に起こる地震の程度の認識と避難訓練についての質問に対する回答の関係

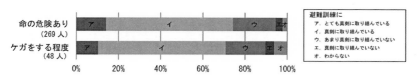

（5）自分たちの住む地域に起こる津波の程度の認識と避難訓練についての質問に対する回答の関係

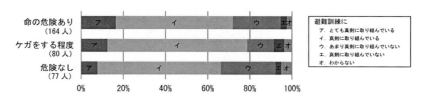

図1　自分たちの住む地域に起こる災害の程度に対する認識と防災行動の実行の程度との関連（吉川・村田，2015）

ばっていた子どもたちのほとんどは，自分たちの意思と行動力で生き延びた。これが真の地震防災学習のねらいだと言えよう。

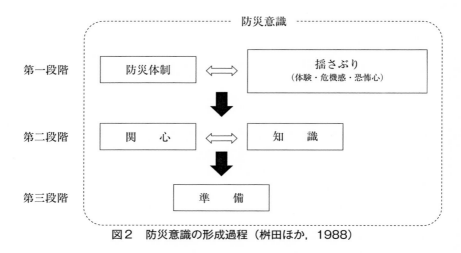

図2　防災意識の形成過程（桝田ほか，1988）

　では，釜石の子どもたちのような行動を生んだ教育はどのようなものだっ
たのであろうか。そのヒントとなる研究がある。図2を見てほしい。これは，
桝田ほか（1988）に示された防災意識の形成過程を表す図である。これによ
ると，防災意識を形成する第一段階は，防災体制と揺さぶり，第二段階は関
心と知識，そして第三段階は準備となっている。すなわち，防災体制が整っ
ている環境の中で，揺さぶりをかけることにより，防災に対する関心が生ま
れ，それに伴って知識が習得され，それが災害への準備につながるという考
えである。ここで用いている揺さぶりを地震防災に当てはめると，地震を体
験すること，地震に対して危機感をもつこと，地震に対して恐怖心をもつこ
とである。

　この考えに従うならば，本当の意味で自分の命を守るための具体的な準備
行動は，地震防災に対する関心や知識が十分に醸成していなければ生じない
ことになる。さらに，その関心や知識は，災害に対する体制が整えられた環
境の中で，揺さぶられなければ生じないといえるのであろう。釜石の子ども
たちがきちんと津波に対する準備ができていたのは，その大前提として，防
災意識の形成過程の第一段階である，子どもたち自身が自分たちの住む地域
には必ず巨大地震や津波が発生することに対する確かな認識，すなわち揺さ
ぶりが十分にかけられていたということを意味するのだと私は考える。その

126

証拠に，釜石の子どもたちを救った一人だとされる，当時，群馬大学の片田敏孝氏は，著書の中で子どもたちにどのような教育を行ったかについてこう記している。「過去の津波で犠牲になった4041人という数字，そして亡くなった方を遠目に写した白黒の写真など具体的な資料を見せた。さらに，地震発生から逃げる時間が早ければ早いほど死者が減少するというシミュレーション動画を見せるなど視覚的に訴えた」（片田，2011）。この記述からわかるように，釜石でも明らかに自分たちの住む地域の危険性を訴えているのである。そして，どうすれば安全に逃げられるかという方法を教え，それを身につけていれば安心だと説いていったのである。

　以上のことから考えれば，地震防災に対する意識が低い子どもたちには，揺さぶりが欠けていると疑ってみる必要があろう。自分たちの住む地域に，命を奪うような地震が発生するという認識なくして，それに備えようという自主的な意識は生まれてこないのは至極当然なことだからである。揺さぶりを飛び越えて，どうすれば災害から身を守れるかなどの技能面や行動面の学習をしても，地震防災に対する意識が低い地域においてはあまり効果的ではなかろう。ただし，地震に備えなければならないという意識が高まったうえでの技能面等の学習を否定しているわけではない。意識が高まった上で技能面等の学習をすることが効果的だと主張しているのである。

（３）どうやって揺さぶりをかけるのか

　ここからは，筆者が以前行った２つの取組の結果から考えていこう。まず１つめの取組は，香川県の中学生対象の１時間の授業で，対象者は中学３年生67人である。この授業では，香川県に起こった過去の地震による被害の痕跡や古文書の記述を読み取った後に，現在子どもたちが住む地域のハザードマップを見せて，自分たちの住む地域の地震による危険性を認識させようと試みた。すなわち，揺さぶりをかける授業に当たる。ここではその結果だけを見ていくが，詳しくは吉川（2018）を参照してほしい。

　図３は，この授業後に書かせた振り返りシートに記述させた感想の内訳を表したものである。これをみると，この授業で「自己の取組の改善の必要性」を感じた生徒は45％であった。私のねらいは，これまでの自分の行動を振

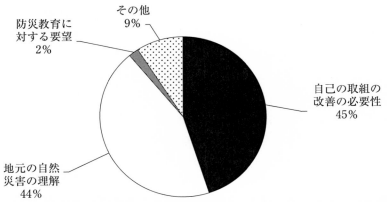

その他
9%

防災教育に
対する要望
2%

自己の取組の
改善の必要性
45%

地元の自然
災害の理解
44%

図3　香川県の中学校で実施した防災学習後に書かせた振り返りシートの内容の内訳（吉川，2018）

り返り，改善しなければならないという新たな意識が生まれたこのグループの生徒がどのようにして生じたかを分析することであった。

　一方，本授業では「地元の自然災害の理解」までしか認識が届かなかった生徒，すなわち，自分の行動を変容させようとまでは感じられなかった生徒も44％いた。生徒たちの振り返りシートの内容を分析してみると，「自己の取組の改善の必要性」を感じた生徒と「地元の自然災害の理解」にまでしか意識が到達しなかった生徒を比較した結果，過去の香川県の地震被害の学習に対する印象が最も異なっていたことがわかった。「自己の取組の改善の必要性」を感じた生徒の多くが，過去の香川県の地震被害の学習が役立ったと感じていたのである。この実践からは，自分の住む地域の過去の地震災害をうまく子どもたちに印象づけることが，自分の取組を改善させなければならない動機づけにつながるのではないかという可能性が示唆される。この考えは，片田氏（2011）が実施した前述の学習内容と重なろう。

　次の取組は近畿大学の学生に対して行った授業である。この取組の場合は，学生を2つのグループに分けて考えていきたい。まず，第1グループは，私が受け持つ授業「地学実験」での取組で，対象者は近畿大学の学生40人である（吉川，2016a）。この授業は，国立研究開発法人産業技術総合研究所が貸し出している仙台平野で採取した「津波はぎ取り標本」（澤井，2014）を使っ

た。授業は，東日本大震災での仙台平野における津波遡上の様子を想起させた後に，「津波はぎ取り標本」を使って柱状図を描かせるものである。この作業を通して，東日本大震災のことを再認識させるのが防災教育上のねらいである。

　また，この標本には東日本大震災の際に仙台平野を襲った津波の痕跡とともに，西暦869年に起こった貞観の地震による津波の痕跡が残されている（澤井，2014）。この津波の痕跡が発見された事実を，研究者たちは東日本大震災が起こる直前に認識していたにもかかわらず発表が遅れてしまい，東日本大震災の被害軽減には役立てることはできなかった。過去に仙台平野にも巨大津波が襲来した事実を東日本大震災が発生する前に住民に知らせることができていれば，被害が少しでも軽減できたのではないかという研究者の無念の思い（澤井，2014）も合わせて学生たちに伝えた。

　第2グループは，私が受け持つ別の授業「地学概論」での取り組みで，対象者は近畿大学の学生53人である（吉川，2016b）。この授業では，西暦1500年以降において大阪周辺で発生したM.7以上の直下型地震の震源分布や，南海トラフ地震の発生周期などの解説を行った後，大阪にある大地震両川口津波記石碑（図4）の説明をした。大地震両川口津波記石碑には，安政の南海地震（1854年）で発生した大阪の被害状況が克明に刻まれている。その内容から，当時の大阪にも大きな被害を与えた津波が襲来したことを認識させるのが防災教育上のねらいである。

　この2つのグループの授業の結果を比較したのが図5である。この図は上

図4　大地震両川口津波記石碑（吉川撮影）

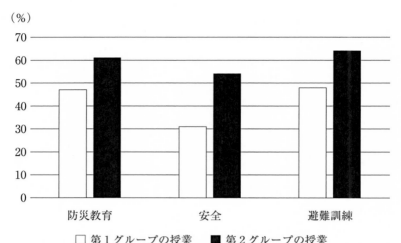

図5　近畿大学で実施した2つの授業後の「防災教育」，「安全」，「避難訓練」に
　　　対する意識が向上した割合（吉川，2016b）

記の2つの授業を通して，各自がもつ「防災教育」，「安全」，「避難訓練」に
対する意識がどの程度上昇したかを比較したものである。なぜ，「防災教育」，
「安全」，「避難訓練」の3つを比較したかという理由であるが，いずれも大
きくは防災の範疇にある語句であるが，「防災教育」よりも「安全」の方が，
「安全」よりも「避難訓練」の方が，より具体的に自分の命を守る意識に直
結することを示す指標になると考えたからである。すなわち，私が最も注目
したのは，「避難訓練」に対する意識がどれだけ高まるかということであった。
これが自分の命を守ることに対する直接的な備えの意識だと考えたからであ
る。結果は一目瞭然で，近畿大学の学生に実施した2つの授業のうち，効果
が高かったのは第2グループの授業であった。

　この結果は何を意味しているのであろうか。学生にとれば，東日本大震災
は直接自分の目で見ることができた現在の大災害である。一方，大阪の地震
被害は過去のもので，特に重点的に説明した安政の南海地震は，今から160
年以上も前の出来事なのである。今回の結果は，いくら最近発生した大災害
でも，遠くで起こった事例では自分の命を守る意識を向上させる効果が薄く，
逆に，遠い過去に起こった大災害でも，自分の住む地域周辺で発生した被害

について学習する方が，自分の命を守るという意識を向上させるのに有効であることを示していると考えられる。自分の住む地域から離れたところで起こった大災害に対しては，「たいへんだなあ」，「何とか助けてあげたい」などの意識は生じやすいのであろうが，自分の命を守るための意識の向上にまでは結びつきにくいのであろう。

（4）どうやって教材を見つけるのか

　では，自分の住む地域に起こった過去の災害をどうやって教材化すればよいのだろうか。これは非常に難しい問題である。なぜならば，学校がある地域ごとに過去の事例を探り，それを子どもたちの発達段階に合わせて教材化しなければならないからである。

　そのために，まず，各地域の教育委員会で作成している資料を探してほしい。文部科学省のホームページには，学校安全に関する都道府県・政令市教育委員会作成資料一覧があるので，そこから探すのが簡単かもしれない。また，中央防災会議災害教訓の継承に関する専門会議編の「災害史に学ぶ」（2011a，2011b）も利用できるであろう。ここには内陸直下型地震編として1662 寛文近江・若狭地震，1847 善光寺地震，1855 安政江戸地震などについて，海溝型地震・津波編として 1854 安政東海地震・安政南海地震，1896 明治三陸地震津波，1923 関東大震災などについて，その災害の状況などがまとめられている。この他にも火山による災害，風水害についてもまとめられており，インターネットで「中央防災会議」，「災害史に学ぶ」と検索すればすぐ手に入る。

　また，学校や図書館に「日本被害地震総覧」（宇佐美ほか，2013）のような過去の地震被害などをまとめた本はないだろうか。または，購入しやすい新書の中にも「天災から日本史を読みなおす」（磯田，2014）や「地震の日本史」（寒川，2011）などのとても読みやすい本がある。これらの中に自分の住む地域に起こった過去の地震の被害状況がわかる資料があるかもしれない。

　もうひとつ注目すればよいものに石碑がある。先ほど紹介した大地震両川口津波記石碑もそのひとつである。石碑は過去の人たちが私たちに残してく

れたメッセージである。事実とは異なる記述もあることに注意は必要であるが，もし，身近に地震関連の石碑が残されていれば，とてもよい教材になる。「石碑は語る—地震と日本人，闘いの碑記」（森，2014）には，全国にある 50 の地震関連の石碑が紹介されている。

　私が最近ある大学の授業に使っている石碑は，徳島県松茂町にある中喜来_{なかぎらい}春日神社敬瑜碑である（図6）。この石碑には安政の南海地震におけるこの地域の被害状況が漢文で刻まれている。それをそのまま読むことは難しいので，その中の一部だけをピックアップして大学生に意味を考えさせている。具体的には石碑に刻まれた「常閣人家多倒傾」「黄壌壁裂水泝沸」「茅葦坍塌火忽燃」「海潮湧洶漲桑田」「桑田既見湛似海」「扶老携幼擬避浪」「陸続望山櫛比連」の文字を実際の石碑の中から探させ，場合によってはヒントを与えながらその意味を考えさせる。ここでみなさんも少し考えてみてほしい。

　この漢文の意味を簡単にまとめると，「建物や人家がたくさん倒された」，「大地や壁に亀裂が入り，水が湧き出てきた」，「茅葺の屋根が崩れて火災が起きた」，「海の潮が勢いよく湧いて田畑にあふれた」，「田畑がまるで海のようになってしまった」，「高齢者を助け，子どもを携えて津波から逃げた」，「山をめざして行列が連なった」とでも訳することができよう。この記述をみると，東日本大震災で起こった惨状と重なることがよくわかる。その意味でこ

図6　中喜来春日神社敬瑜碑（吉川撮影）

のような石碑は，過去の人たちが我々に残してくれたこの地域に起こる具体
的な被害予測ともいえる。また，当時と同じように，釜石の中学生たちが小
さな子どもたちを連れて，山に逃れたあのときの様子を思い返すことができ
る。津波からの避難の方法は当時も今も同じなのである。この石碑のように
徳島県と高知県に残された南海地震に関連する数多くの石碑は，歴史探訪
南海地震の碑を訪ねて」（毎日新聞高知支局，2002）に詳しくまとめられて
いる。

（5）まとめにかえて

　防災に対する意識が低い子どもたちをどうやって地震や津波から守るのか
というテーマで，一番最初にすべき学習は何かについて絞って考えてきた。
その基本は，子どもたち自身の防災意識を高めることであり，そのためには，
過去にその地域で起こった地震被害等について認識させることにより，まず
自分の住む地域の危険性を直視させる必要があるということである。しかし，
この考えには危険性を含む。子どもたちの発達段階が考慮されていないから
である。そこは，各先生方が目の前にいる子どもたちの実態に応じた学習に
柔軟に変化させてほしい。

　最後に，防災教育において我々教員がめざすべく目標は何か考えてみよう。
その答えは，目の前の子どもたちから犠牲者を1人も出さないことである。
今回の東日本大震災で，99.8％という驚異的な生存率を残した釜石の先生方
の言葉をかみ締めると，それが自分事としてよくわかる。「釜石の奇跡　ど
んな防災教育が子どもの“いのち”を救えるか？」（NHKスペシャル取材班，
2015）には，「しかし，残念ながら5人の子どもたちが犠牲となった。亡くなっ
た子どもが通っていた学校の先生たちは“奇跡とは言わないでほしい”と無
念の思いを語っている」と，0.2％の子どもの命を救えなかった先生方の無
念の言葉が記されている。あの大災害の中で99.8％の生存率は驚異的な数字
と言えるであろうが，それを喜べるのは非当事者だけである。自分の身に置
き換えると，自分のクラスの子どもの命は，だれ一人として失いたくないの
は教員として当然であろう。そのためには，いつくるかわからない巨大地震
から，子どもたちを守るための準備を着実に行い続けるしかない。

文献

中央防災会議「災害教訓の継承に関する専門調査会」編（2011a）：災害史に学ぶ（海溝型地震・津波編）。http://www.bousai.go.jp/kyoiku/kyokun/ kyoukunnokeishou/ pdf/saigaishi_kaikoujishin_tsunami.pdf

中央防災会議「災害教訓の継承に関する専門調査会」編（2011b）：災害史に学ぶ（内陸直下型地震編）。http://www.bousai.go.jp/kyoiku/kyokun/ kyoukunnokeishou/ pdf/saigaishi_nairikujishin.pdf.

磯田道史（2014）：天災から日本史を読みなおす。中央公論新社。

地震調査研究推進本部（2019）：今までに公表した活断層及び海溝型地震の長期評価結果一覧。https://www.jishin.go.jp/main/choukihyoka/ichiran.pdf

片田敏孝（2011）：小中学生の生存率99.8％は奇跡じゃない。WEDGE REPORT.

毎日新聞高知支局（2002）：歴史探訪　南海地震の碑を訪ねて。毎日新聞高知支局。

桝田秀芳・翠川三郎・三木千寿・大町達夫（1988）：地震防災意識の形成過程と地震防災教育の効果の測定。土木学会論文集，（398），359-365。

文部科学省：都道府県・政令市教育委員会作成資料一覧。https://anzenkyouiku. mext.go.jp/todoufuken/index.html

森　隆（2014）：石碑は語る　地震と日本人，闘いの碑記。毎日新聞社。

NHKスペシャル取材班（2015）：釜石の奇跡　どんな防災教育が子どもの"いのち"を救えるか？　イースト・プレス。

寒川　旭（2011）：地震の日本史。中央公論新社。

澤井祐紀（2014）：教育・普及活動のための津波堆積物のはぎ取り標本。GSJ地質ニュース，3，53-59。

宇佐美龍夫・石井寿・今村隆正・武村雅之・松浦律子（2013）：日本被害地震総覧599-2012。東京大学出版会。

吉川武憲（2016a）：津波堆積物のはぎ取り標本を用いた大学の授業に対する防災教育の視点からの評価。近畿大学教育論叢，27，33-44。

吉川武憲（2016b）：居住地近隣の自然災害の認識に伴う大学生の防災意識の変化。近畿大学教育論叢，28，37-46。

吉川武憲（2018）：防災意識を向上させる学習要素―中学校理科単元「自然の恵みと災害」の実践から―。近畿大学教育論叢，29，31-49。

吉川武憲・村田　守（2015）：子どもたちに地震を身近に感じさせるために―地元の地震史を教材化するための視点―。学校防災研究プロジェクトチーム，生きる力を育む学校防災Ⅲ，協同出版。

【コラム】 原子力災害を想定した避難訓練

辻　慎一郎

東日本大震災発生後，「第2次学校安全推進の計画」に明記されたように，原子力発電所事故災害への対応も喫緊の課題となっている。原子力発電所事故に備えたマニュアルの作成や避難訓練など，各地域での実施率は上がっているが，全国的に見た場合，UPZ 圏内（原子力施設から半径 5km から半径 30km）の学校においても十分には行われているとは言えない状況である。理由としては，まず原子力発電所事故がどのようなメカニズムや状況で発生するのか，十分な科学的な知識の裏付けがないため，教育現場には戸惑いがあるのは事実である。原子力発電所が稼働していなければ，事故が起きないなどの間違った意識もある。放射線教育については，福島県や東北地方と西日本とでは，意識が全く異なることが指摘されている。しかし，福島県でさえ，福島第一原子力発電所事故の教訓から，二度とこのようなことは生じないと考え，そのため，訓練の意識は不十分であることも否定できない。

いずれにしても，原子力発電所事故に関する避難訓練は全国的に火災や地震に比べて，実施方法に確信が持ちにくい点もある。そこで，ここでは鹿児島県川内原子力発電所が立地する地域の取組を紹介する。また，避難訓練や引き渡し訓練は単独の学校で行われることが多いが，引き渡しについては保護者にとって複数の児童・生徒への対応が考えられる。その点で区域の小中学校での合同訓練は意義があると言える。

1　教科等名：ふるさと▶コミュニケーション科（総合的な学習の時間）

単元（主題）名：くらしの安全を守る

参加学校・学年：川内中央中学校1年生〜3年生，川内中央中学校
　　　　　　　　区全小学校（平佐西小学校・川内小学校・平佐東

小学校，峰山小学校1年生～6年生）児童生徒及
び保護者
　　　　関係機関　　　：薩摩川内市役所，薩摩川内市教育委員会，鹿児島
　　　　　　　　　　　　県警，地区コミュニティ協議会など

2　指導（本時）のねらい

・災害への備えの重要性について理解させ，進んで日頃から備えようと
するとともに，災害時の助け合いの大切さを理解し，進んで活動でき
る力を育てる。
・放射線についての学習を生かし，根拠を持って状況を判断し自ら対応
しようとする態度を育てる。
　　※　訓練の内容
　（原子力災害を含む大規模な自然災害や事故等が発生したことを想定
し，川内中央中学校区に就学する全ての児童・生徒を安全且つ円滑に保
護者に確実に引き渡す。）

3　関連する教科等の内容

・理科：中学校3年生　第1分野　「放射線って何？日常生活の放射線
とは。放射線を見てみよう」

4　教材

・中学生・高校生のための放射線副読本～放射線について考えよう～
（平成30年9月　文科省）

5　本時の展開（表）

（1）引き渡しの状況設定
　授業中に，川内原子力発電所で事故が発生した。電話は不通となるが，
ライフラインは確保されており，道路も通行可能である。市は，国から
避難等の予防的防護処置を講ずるよう連絡を受け，国及び県と連携し，
市民等に対する屋内避難（コンクリート建物，窓を閉めるなど）等，必

要な緊急事態応急対策を実施することになった。本校区においては，市からの指示を受け，小中学校間で連携を取りながら，児童生徒を保護者に引き渡すことが必要と判断した。

（2）小学校・中学校の連携

　本訓練は，川内中央中学校区の全小学校と同時に行う。引き渡しは，小学校での引き渡しを優先し，その後，中学校での引き渡しを行う。(H30年度約 3500 名参加）

（3）事前の指導等

・引き渡し訓練及び放射線についての教員研修を実施しておく。
・生徒に引き渡し訓練の進め方について説明しておく。
・保護者へ訓練の目的と実施方法について理解させる。
・引き渡しに必要な「引き渡しカード」を事前に作成し，学校で保管しておく。
・引き渡し訓練に必要な物品（「引き渡しカード」「ハンドマイク」「ラジオ」「掲示物」）等をあらかじめ決められた場所に保管しておく。
・訓練にあたっては，学校周辺等の渋滞等が発生する可能性があるので，警察や地域コミュニティ協議会と十分連携をとる。
・訓練日数日前，前日，当日開始前に無線等を通じて地域住民への周知を図る。

6　評価計画

（1）保護者とともに災害への備えの重要性について理解し，日頃の備えについて考え，災害時には，正確な知識や情報をもとに行動しようとしたか。
（2）放射線についての学習を生かし，根拠を持って状況を判断し自ら適切に対応できたか。

過程	学習活動・主な発問等	時間	教師の支援・指導上の留意点等
事前			○（想定）川内原子力発電所で事故発生。 （想定）市教育委員会からの連絡を受け，引き渡し訓練を開始する。 ○各小学校の実施状況を随時把握する。
導入	1　本時の目標を確認する。 ①　災害時の初期避難行動について確認し，見通しを持って行動する。 ②　放射線の特徴を理解し，根拠をもった行動ができる。		○前年までの引き渡し訓練の学習を想起させる。 ○理科の学習内容との関連を意識させる。 ○放射線副読本で，放射線の特徴等を再確認する。 ○校内放送（停電時は伝令）教員は職員室に集合し，現状，役割，今後の動きを確認する。
展開	2　訓練活動を行う。 ①　下校の準備をし，集合場所の体育館に移動する。 ②　保護者の到着まで静かに待機する。 ③　保護者の到着に伴い，定められた手順により下校する。 ④　保護者が迎えに来れない生徒を集めて対応する。		○教員は，事前に決められた役割に従い活動する。 ・本部　・情報連絡　・避難誘導 ・救護衛生　・物資確保配給 ・集合場所支援 ○保護者への引き渡しにあたっては，引き渡しカードで確認をし，確実に保護者に引き渡す。 ○保護者が来れない場合は，市の手順に従い，避難させる。
終末	3　まとめ 　保護者とともに活動を振り返り，本時の目標①②についてできたかを確認する。		○放射線副読本の「家族で話し合ってみよう」のページを活用させ，MEMO欄に家族で話し合ったことをまとめさせ，提出させる。 ※本引き渡し訓練は，他の災害の場合にも活用できるように意識させる。

第3章

新たな学校防災への取組

1　被災地における防災教育の実践
―自助と共助の意識を持った児童の育成を目指して―

齋藤　由美子

（1）はじめに

　仙台市立七郷小学校は，文部科学省による指定を受けて，2013（平成25）年から2016（平成28）年の4年間，現行の学習指導要領を踏まえながらも独自の新しい教育課程や指導方法の開発を行ってきた。教育課程の特例により創設したのが新領域「防災・安全科」である。東日本大震災（以下，震災と表記）の教訓を受け継ぎ，小学校段階から子どもたちの防災力を高めるため，全学年30～35時間の授業時数で実施した。文部科学省の指定が終わり現行の教育課程に戻った現在，時間割から「防災・安全科」の名称はなくなったが，教科横断的なつながりを持った学習プログラム「防災・安全の学習」として深化・発展させるべく全校で取り組みを続けている。

（2）東日本大震災と七郷小学校

　七郷小学校は仙台市の東部，沿岸から約5kmに位置し，全校児童数は1,000名を越える。震災では，沿岸の荒浜方面からの避難者約2,500名を受け入れ，市内でも大規模な避難所となった。東部道路の土盛り部分が防波堤の役割を果たし，本校の校舎やその周りの住宅密集地区は津波の被害を免れたものの，学区の東部は浸水し，大きな被害を受けた（写真1）。

　本校よりも沿岸に位置する荒浜小学校は甚大な被害を受け（写真2），その後，荒浜地区が居住禁止区域になったことから，平成28年に両校は統合された。震災から8年が経過した現在，荒浜小学校に在籍していた児童は卒業したが，荒浜小学校に入学する予定だった児童や荒浜地区に親戚がいた児

図1　東日本大震災の津波浸水域地図（日本地理学会津波被災マップより）
※色のついた部分が津波遡上範囲

写真1　荒浜小学校から救助される様子

童など，荒浜にゆかりのある家庭の児童が在籍している。

　震災遺構となった荒浜小学校や，地下鉄荒井駅構内に新設された3・11メモリアル交流館など，学区内に震災関連の施設を有する。また，かさ上げ道路などの多重防災の工事や，体験型農園やスポーツ施設など沿岸地区の整備が進んでいる地域でもある。

（3）七郷小学校の防災・安全の学習について

　防災・安全の学習について以下の通り定め，本校独自の指導要領を作成し，それに沿って各学年で実践を重ねている。

＜目標＞

　日常生活の様々な場面で発生する災害について理解を図り，身の回りの危険を予測してどのように行動すればよいかを判断し，自らの安全を確保しようとする能力の基礎を育てるとともに，他の人や地域の安全に役立とうとする態度を養う。

＜目指す子どもの姿＞

　自らの安全を確保し，周りの人や地域のために役立とうとするとともに，災害に不安を抱くのではなく，自分の将来や社会に夢や希望を持ち，災害に負けないでたくましく生きようとする子ども。

＜育てたい能力・資質＞

　自助・共助についても（図2），低・中・高学年でそれぞれ具体像を示し，発達段階に応じて身につけさせたい能力・資質を明確にしている。

＜内容の構成＞

　6分野21の項目で構成され，発達段階に応じて学習内容を明確にしている（表1）。また，1年間で21項目すべてを網羅することは難しいため，6年間の教育課程の中で全ての項目について学習できるように配列を工夫している。また，単元のまとまりを持って教科横断的な取り組みとして実践していることも本校の特徴のひとつである。

自助と共助の意識を持って　　　　　行動していく力

〈自助〉
自分の身は
自分で守る
危険を予測し判断する力
安全を確保する力

〈共助〉
助け合って
生き抜く
人とつながる力
社会とともに歩む心

図2　育てたい能力・資質

表1　本校で扱う防災教育の内容の構成

A：災害などの理解	1．災害の種類や特徴
	2．災害の発生プログラムや被害
	3．過去の災害・伝承
	4．災害防止や復旧・復興（公助）
	5．生活安全・交通安全
B：命を守る方法	1．身の守り方や避難の仕方
	2．情報を生かす方法
	3．応急手当の方法
	4．生き抜く知恵と技能
C：備え	1．家庭での備え
	2．学校や地域での備え（公助）
D：予測・判断	1．危険の予測
	2．安全のための判断
E：支援者の基盤	1．強い心と冷静な行動
	2．感謝や思いやりの心
	3．自然愛護と生命尊重
	4．他者との関わり
F：社会貢献	1．被災者の支援
	2．教訓の伝承
	3．家庭や地域に役立つこと
	4．夢や希望

（４）災害対応力育成のための実践事例

＜１年生の実践＞

　はじめに，震災時の校舎内の様子を示し，普段生活している場所が，地震によってどのように変わったか理解させた。家庭での聞き取りを基に，地震が起きると「落ちる物」「倒れる物」「移動してきて危ない物」について話し合った。細長い物は倒れやすい等，ある程度一般化できたところで，では教室ではどうか，図書室にいる時はどうか，児童に考えさせた後にロールプレ

表２　各学年の防災対応力育成のプログラム

学年	学習内容	関連する内容
１年生	校内での身の守り方	A1 災害の種類や特徴　A5 生活安全・交通安全 B1 身の守り方や避難の方法　B4 生き抜く知恵と技能 D1 危険の予測　D2 安全のための判断 E2 感謝や思いやりの心
２年生	登下校時時に地震が起こったら	A2 災害の発生メカニズムや被害 B1 身の守り方や避難の方法　B4 生き抜く知恵と技能 D1 危険の予測　D2 安全のための判断
３年生	家で地震が起こったら（二次被害防止を含む）	A2 災害の発生メカニズムや被害 A4 災害防止や復旧・復興 B1 身の守り方や避難の方法　B4 生き抜く知恵と技能 D1 危険の予測　D2 安全のための判断 E 強い心と冷静な判断　E4 他者との関わり
４年生	家族で備えよう（家族防災会を開くことを含む）	A4 災害の防止や復旧・復興（公助） B4 生き抜く知恵と技能 C1 家庭での備え　C2 学校や地域での備え（公助） D1 危険の予測　D2 安全のための判断 E4 他者との関わり F1 被災者の支援　F3 家庭や地域に役立つこと
高学年	校外学習時の身の守り方（野外活動・修学旅行を含む）	A5 生活安全・交通安全 B2 情報を生かす方法　B4 生き抜く知恵と技能 D1 危険の予測　D2 安全のための判断 E1 強い心と冷静な行動　E4 他者との関わり

イをさせて，自分の身を守ることができるか確かめた（写真2）。

　1年生は単元としてまとめて学習するよりも，毎月同様の内容を繰り返し行う方が効果的だという意見があり，毎月11日を防災安全の日として，身を守る「ダンゴムシポーズ」の練習や，防犯ブザーの電池が切れていないか確認するなどの活動をショートタイムでも取り入れることにした。3月11日前後に，仙台市内の学校では復興プロジェクトと呼ばれる，語り継ぎや防災学習，集会などを行っている。本校の1年生には，3月11日を迎える直前にも，仙台市の防災副読本を活用しながら震災のことについて教師が当時の様子を話して聞かせている。

＜2年生の実践＞

　登下校中に被災したらどのような行動を取ればよいか考えさせた。はじめに，児童のほとんどが通る交差点の写真を示し「落ちてくる物」「倒れてくる物」「移動してきて危ない物」について考えさせることにした。路上では，電柱や看板など，屋内よりも危ない物がたくさんあると感じた児童が多かった。次に，登下校のルートが同じ児童でグループになって，それぞれがよく通る箇所で危ない物について話し合い，どこに逃げれば命を守ることができそうか考えさせた。こうして事前に話し合うことで，自助の意識を高め，いざという時の判断力も高めることができると思われる（写真3）。

＜3年生の実践＞

　家で留守番をしている時に被災したらどうするか考えさた。1年生で学習した教室や図書室での身の守り方を基に，提示された子供部屋の絵に，危険

写真2　1年生の授業風景　地震で危ない物は何か考える授業の様子

写真3　２年生の授業風景　グループで危険個所を話し合う児童の様子

な箇所を示すシールを貼らせた（写真4）。冬に学習したため，部屋にあるヒーターの扱いについて話し合った。児童から「倒れたら大変だから，揺れを感じたらすぐに消す」という意見も出たが，阪神・淡路大震災では揺れている最中に止めようとして火傷をした事例があるので，まずは身を守るように指導した。避難する際にはヒーターの電源を抜き，火事を起こさないようにすることも指導した。二次被害の防止について触れるのは３年生が初めてである。このように，七郷小では，前の学年の学習内容を繰り返し扱い，内容を肉付けしていくスパイラル的な学習になるように配列している。

＜４年生の実践＞

　４年生は，被害を小さくするためにあらかじめ備えることの大切さについて学習している。はじめに，震災時の七郷小学校の様子を見せ，どのような困り事，不便な事があったのか考えさせた。次に，仙台市危機管理課の防災減災アドバイザーをゲストに招き，震災当時の仙台市の様子や，震災後，仙台市がどのような取組をしてきたかについて話を聞いた。社会科の学習「地震からくらしを守る」の単元とも関連させた，公助についての学習である。その後，学区内，自分の家と，だんだん自分の身近な場所に範囲を狭めて，どのように備えているか学習を進めた（写真5）。

　地区のコミュニティセンターには，水や食料がたくさん備蓄されている。

写真4　3年生の授業風景　危険個所を示すシールを貼る児童の様子

写真5　4年生の授業風景　ゲストティーチャー（減災防災アドバイザー）の話
を聞く様子

　しかし，地区に住んでいる人の数と備蓄の量を比較してみると，それだけに
頼ることはできないと気付く児童が多かった。そこで，各家庭の備蓄につい
て調べてくることにした。家庭で調べたことを「危険回避のための備え」と「生
き抜くための備え」に分けて発表し合い，同じことをしたいと思ったことを
家族へ提案することにした（表3：家族防災会議で提案したいこと）。備え
は大切だが，費用が掛かり家庭の協力も必要である。自分でもできる日頃の

147

表3　家族防災会議で提案したいこと

危険回避のための 備え	生き抜くための 備え	家族との約束	日頃の心掛け
・突っ張り棒やL 　字金具で固定す 　る。 ・ジェルマットを 　敷く。 ・ガラスに飛散防 　止シートを貼る。 ・紐で固定する。 ・重いものは棚の 　下段へ置く。	・水や食料の備蓄。 ・暑さ，寒さ対策。 ・衛生用品をそろ 　える。 ・新聞紙やラップ 　の様々な活用。 ・ガスコンロなど 　調理器具の用意。	・家族の集合場所 　を決めて置く。 ・緊急連絡先を確 　認する。 ・出掛ける時には 　行先を家族に伝 　える。	・玄関や自分の部 　屋の整頓をする。 ・就寝時にはスリッ 　パや着替えをそ 　ばに置く。 ・車のガソリンは 　半分以下にしな 　い。

心掛けや家族の約束についても話し合わせ，実践していくことにした。

＜高学年の実践＞

　校外学習や野外活動，修学旅行など，行き先に合わせた身の守り方を学習している。

　特に，修学旅行の自主研修中は，慣れない土地で教師と児童が離れて過ごす時間が長いことから，事前指導の中で，大きな地震が発生した場合について考えさせた。まずはその場で自分の身を守ることが大切である。どんな物が危険かは，低学年から繰り返し学習しているため容易に想像することができた。揺れが収まった後，教師が示した3か所の集合場所のうち，自分達のいる所から一番近い集合場所に避難し，教師が迎えに来るのを待つように指導した。

　これは，震災で児童の安否確認が困難であったことを教訓としている。大きな地震の発生直後は，電話が使用できなくなることが多い。その上，震災後は交通手段も限られ，避難所を何か所も回りながら児童の安否を確認することは大変な苦労であった。

　このことから，修学旅行の自主研修中，様々な場所にいる児童をくまなく見つけ出すことは困難が予想される。慣れない土地でそのような状況になれば，児童の不安も大きいだろう。あらかじめ，集合場所を決めておくことは，

家族間でも有効だが，このような場合も有効な手立てだと言える。

　本校の修学旅行先は，福島県会津方面である。原発事故後，8 年が経つが，未だに風評被害もある。放射線教育については，以降の「震災の記憶の伝承・福島編」の中で示すこととする。

（5）震災の記憶の継承のための実践事例（平成 30 年度　6 年生の実践）

＜単元の目標＞

　総合的な学習の時間と防災・安全の学習に細分化していた単元を統合して 70 時間の大単元とし，総合の目標と防災・安全の学習の目標を擦り合わせ，以下の目標とした。

> 　6 年間の防災・安全の学習の集大成として，自分たちが築きたい未来の七郷を表現する活動を通して，これからの社会に夢や希望を持ち，自分たちの思いを伝えることができるようにする。

＜単元計画＞（70 時間＋地域合同防災訓練 2 時間）

荒浜編 （20 時間扱い）	荒浜地区の良さを調べ，地域住民のつながりの良さが防災の面でも役立つことに気付き，七郷地区の良さを再発見するとともに，地域の一員として自分たちにできる行動を考えて取り組むことができる。 ※荒浜探検・植樹活動を含む。
福島編 （16 時間扱い）	防災の視点から城下町会津の町作りの特徴や工夫を捉えるとともに，同じ被災地である福島の人々の思いを知る。 ※修学旅行の事前・事後指導を含む。
七郷編 （10 時間扱い）	七郷の町を歩いたり，地域の人にインタビューしたりして，その良さや課題に気付き，次単元の町作りの活動に生かす。
未来の町作り編 （24 時間扱い）	15 年後の荒浜・七郷の姿を模型にする活動を通して，これからの社会に夢や希望を持ち，保護者や地域の方へ自分達の思いを伝える。

＜荒浜編＞

　震災当時，荒浜小の担任をされていた先生の話を聞いた。また，荒浜カル

タを通して，荒浜について知るきっかけとした。荒浜カルタは荒浜小の児童が，震災後に作成したふるさとカルタである。カルタには，ふるさとを懐かしむ思いも込められているが，防災の観点から，児童の考えを深める学習活動を行った。その後に予定している荒浜探検で，現在の荒浜を見た後に，自分たちで考えた「オリジナル札」を追加する活動につなげた（写真6）。

荒浜の沿岸部では，津波から何とか残った防風林の松から種が落ち，小さな芽を出した。この実生の苗が海岸整備でつぶされてしまうことを知り，児童は苗を採取して学校で育てることにした。こうして2年間育ててきた苗を，荒浜探検の際に植樹することにした。当初は防風林になる場所への植樹を予定していたが，海岸公園の再開に合わせて，園内に「七郷の杜」という植樹用広場を用意してもらった。プレートには，児童の考えた木の名前が書かれ

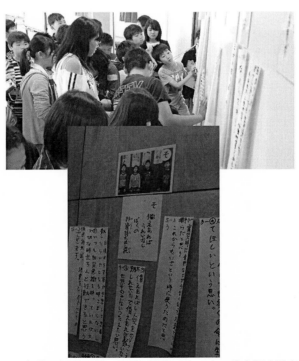

写真6　6年生の授業風景　防災に関するカルタの札を探す児童の様子

ており，震災を伝えていきたい，荒浜を元気にしたいという児童の思いが表れていた。

＜福島編＞

　修学旅行先の福島へは，必要以上に放射線を怖がることなく，正しい認識のもとにと考えて活動させたいと考えて指導した。福島原発でどのような事故が起こったのか，放射線とはどのようなものなのか，小学生に理解できるような簡単な言葉で説明するように心掛けた。市場に出ている農作物は安全であるにもかかわらず風評被害があることや，知識の乏しい人による偏見があることも話した。「福島の人のために自分達ができることは何か考えながら修学旅行へ行こう」と児童へ投げかけたところ，自分達が旅行中に感じた福島の魅力をカルタで伝えたいと，「福島カルタ」作りの活動につながった。

＜七郷編＞

　未来の七郷の姿を考える学習は，震災の翌年から続けられている。2018（平成30）年度は，荒浜地区も組み入れた模型を作成した。模型の制作には山形大学の協力を得ている。模型作りが単なる夢物語にならないよう，七郷の地域の方には児童が直接インタビューして，地域に対する思いを聞き取った。荒浜地区に住んでいた方は，現在，様々な場所に家を再建しており，実際に聞いてまわることが難しいので，沿岸地区再開発の際に仙台市が行ったアンケートを読むことにした。荒浜地区が，どのように復興してほしいか，住んでいた方の思いが書かれたもので100枚以上に及ぶ。それらの思いを反映させた未来の町になるよう児童に構想させた。

＜未来の七郷編＞

　未来の町は，セーフティ（安全性），サスティナブル（持続可能性），ユニバーサル（普遍的・共通）の3観点を意識して模型の制作にあたった。特に荒浜方面については，実際に多重防災の整備や新しいスポーツ施設の建設などが進んでおり，児童も未来への夢を大いに膨らませた模型ができた。また，4年生では七郷の農業，5年生では環境問題，特にグリーンカーテンについても学んできた児童なので，豊かな自然を残していきたいという思いも反映されていた。

　発表会は，保護者だけでなく，地域の方も招いて行った。震災によってコ

ミュニティが解体してしまった荒浜の方にとって，発表会は，久しぶりに顔を合わせる機会にもなった。高齢の方が多く「震災のことを早く忘れたいと思ってきたけれど，若い人たちはこうして未来のことを考えていてすごいね。」と感想をもらった。模型を見ながら，在りし日の町並みを思い出して涙ぐむ方もいた。「発表会を見に行った日の夜はうれしくて眠れなかったよ。」という手紙も後日いただいた。児童の活動が，地域の方の心の復興にもつながっていることが実感できた（写真7）。

（6）おわりに

　七郷小学校が8年間取り組んできた防災教育の成果として2点挙げられる。1つ目は，総合的な学習の時間と防災・安全の学習を組み合わせてカリキュラムデザインしていくことで，効率的に深く学習できたことである。これまでは，総合的な学習の時間と防災・安全の学習の目標をそれぞれに設定して取り組んでいたため，授業の準備に時間が掛かり，担任の負担が大きかった。しかし，双方の目標を擦り合わせ，大単元として取り組むことで，効率的に授業の準備をすることができ，児童にとっても分かりやすい内容となった。2つ目は，学校内でESDや震災の記憶を引き継ぐ職員研修を行ったことにより，今後も防災教育を続けていくことの意義を職員全員で共通理解で

写真7　6年生の授業風景　未来の町発表会で荒浜地区の方と話す児童の様子

きたことである。文科省の指定が終了し，震災から時間が経つにつれ，他の教育内容に力を入れるべきであるという声も職員から聞かれ始めたが，教科教育と防災教育を七郷小学校の教育活動の両輪とし，双方に力を入れ，児童の力を伸ばしていくことを確認している。また，学区内に津波浸水区域を含み，甚大な被害を受けた荒浜小学校と統合した特異性から，今後も防災教育に力を入れていく必然性を感じている。

　今後の課題としては，様々な災害に対応する「災害対応力」と震災風化を鑑みた「震災の記憶の継承」の二本柱でカリキュラムを再構築することである。七郷小学校では，先に挙げた6分野・21項目の内容を6年間の教育課程で網羅していくが，それを押さえつつ，災害対応力をどのように伸ばしていくかは大きな課題である。災害対応力は地震対応だけではない。近年，局地的豪雨や台風の被害が多くなっており，風水害についても対応していく力を育成しなければならない。実際に，2019（令和元）年10月の台風19号によって学区内で冠水した箇所があり，田畑にも被害が出た。地域の特徴をつかみながら，その地域に適した災害対応力を育成するとともに，他の地域で起こりうる自然災害にも対応できるように，今後も学習内容を見直していく必要がある。

　また，震災の記憶を持たない児童のみが在籍する現在，震災をどのように自分事として捉え，考えさせていくかも課題である。「経験していないから学習できない」というのであれば，未災地の場合は，防災教育ができないのであろうか。いや，そんなはずはない。児童に震災の記憶は無いが，私たちの暮らす地域の至る所に，未だ震災の爪痕は残っている。自然災害で同じような被害を出さないためには，地域の方と連携を図りながら防災教育を進め，震災の記憶を語り継ぎ，それを広めていくことが七郷小学校の使命だと言える。防災教育は最悪の事態を想定してしまうことから，暗い・怖いというイメージを持たれることが多いが，本校の防災教育は，過去の出来事に学び，未来について考えていくことを主眼としている。防災教育を通して，夢や希望いっぱいの未来の自分の生活を思い描けるように，今後も児童とともに学びを深めていきたい。

参考文献

文部科学省（2019）学校安全資料「生きる力」をはぐくむ学校での安全教育
仙台市教育委員会（2019）「仙台版防災副読本『3.11 から未来へ』」
学校防災研究プロジェクトチーム（2015）『生きる力を育む学校防災Ⅲ』協同出版
日本地理学会津波被災マップ

② これからの教員養成・教員研修における体系的な学校防災の構築
―教職大学院での授業・実習を例に―

藤岡　達也

（1）学校安全，危機管理等の新たな研修体制の構築

　従来から学校管理職には，学校を巡る様々な危機管理の認識と対応能力が求められていた。近年では一層学校内外において，不審者対応，交通事故を含めた通学路の安全，東日本大震災発生後も頻繁に生じる自然災害への備え等，学校安全，危機管理等に関する課題が多方面にわたって山積している。そのため，管理職の指導の下，学校全体としても安全・危機管理体制が不可欠になりつつある。学校，教職員には日常から危機管理マニュアル作成，避難訓練等の実施，見直しなど喫緊を想定しての対応が求められている。ただ，現状としては，学校，教職員の取組だけでは児童生徒を守ることに限界があり，家庭・地域や関係団体との組織活動も重要視されている。

　現実的には，新たな事件・事故，災害が発生してからの対処療法的な取組も少なくない。これまでの教員養成や教員研修でも学校安全，危機管理等の重要性は理解されながらも，多様な教育課題への対応に追われる中で，体系的・組織的に捉えられているとは言い難い状況であった。

　加えて，従来，教員養成は教育大学・教育学部等の役割とされていたが，近年では，教員研修についても，ライフステージを踏まえながら地域の教育委員会と連携して取り組むことが期待されている。

　以上のような教育背景の中，平成30年には全国の都道府県に教職大学院が設置され（鳥取県は島根県と連携），地域の大学・行政・学校等の連携した新たな教員養成・教員研修が全国的に展開されている。教育大学・教育学部等は従来の修士課程の廃止から，教職大学院1本化への流れが進んでいる

ことも無視できない。本稿では，全国的な動向や状況を踏まえて，これから
の学校安全，危機管理等に関する地域の教育委員会と連動した教職大学院の
在り方を考察する。

（2）教職大学院における学校安全，危機管理取扱いの意義

　これまで，学校安全に関して教育大学・教育学部でも十分に教育課程に位
置付けられていたとは言い難い。また修士課程においても研究の蓄積どころ
か，この領域については必要性が指摘され始めているところである。ただ，
課題の一つとして，学校安全等を専門とする大学教員も必ずしも多いとは言
えない現状もある。

　一方で，教育行政・学校管理職にとって学校危機管理，学校安全に対する
日常の備えや発生時の適切な対応は不可欠であり，日々の教育活動の中でも
最優先に対応せざるを得ない。地域や学校の状況によっては，広域に展開が
必要となり，関係機関との調整など，日常の教育活動とは異なった性質のも
のとなりつつある。

　教職大学院では，従来の修士課程を担当する研究者教員だけでなく，教育
現場や教育行政での実務経験を有する実務家教員も在職し，その構成割合比
も決められている。その点において，学校危機管理・学校安全の実践的な対
応経験が多い実務家教員の存在は大きい。

　また，現職派遣院生も修士論文は課せられないが，学校安全や学校危機管
理に関する授業科目の中で，自校の課題を探ることは重要である。同時に必
修・選択科目としては，共通科目，コース別科目の他実習の単位が求められ
る。それらの実習は講義・演習等と連動されることが多い。学校安全・危機
管理共設置されている科目等について，滋賀大学での担当教員を例に一部を
表1に示した。

　当教職大学院は開設以来数年経ち，必ずしも，今までの方法が最善とは言
えず，取組についても常に見直し，改善が求められるのは必然である。そこ
で，本稿では，最初に開設以来，模索の中で進めてきた取組の意図及び現状
を整理する。次に，これらを踏まえながら見えてきた課題と，今後の授業及
び実習の改善について検討したい。

表1　教職大学院の学校安全，危機管理等を取扱った科目の例

科目名	設置コース等	配当年次	単位数
学校安全・学校危機管理に関する実践的研究	学校経営力開発コース	1春	必修2
防災教育・防災管理と組織活動	学校経営力開発コース	1秋	選択2
現代社会の課題と教員役割	学校経営・教育実践共通	1春	必修2
滋賀の教育課題と指導方法	学校経営・教育実践共通	1秋	必修2
経営課題解決基本（Ⅰ・Ⅱ）・発展（Ⅰ・Ⅱ）実習	学校経営力開発コース	1, 2	必修4
地域協働実習Ⅰ・Ⅱ	学校経営力開発コース	1春・秋	必2・選2

（3）学校安全，危機管理等と関連した科目・実習の展開

　現在，当教職大学院は教育研究科・高度教職実践専攻に位置付けられ，学校経営力開発コースと教育実践力開発コースとの2つコースに分かれている。そのうち前者の院生は，全員が県教育員会派遣の現職教員から構成されている（定員は5名）。一方，後者のコースにも現職教員が派遣されている（定員は7名）。いずれも県教育委員会からは，学校管理職の幹部候補育成としての期待が寄せられている。

1．設置された授業科目について

　学校経営力開発コース選択科目の必修授業には「学校安全・学校危機管理に関する実践的研究」，選択必修の授業には「防災教育・防災管理と組織的活動」があり，それらの授業に対応した実習として「地域協働実習Ⅰ，Ⅱ」が設置されている。

　両コース共通科目「現代社会の課題と教員役割」，「滋賀の教育課題と指導方法」等でも学校安全，防災教育等に関する内容を一部取り扱っている。現在，学校安全については，教職大学院の中で，コースにかかわらず無視することができない状況も反映している。共通科目でも学校安全の構造（安全教育，安全管理，組織活動），さらには，生活安全，交通安全，災害安全（防災と同義）のそれぞれの課題，学校保健安全法，第1・2次学校安全に関する推進の計画，文科省の動向等について基本的な概説を行っている。また，後者の授業科目においては，滋賀県の近年の災害発生状況や県の動向についても取り扱

う。いずれも研究者教員が体系的な知識や国内の動向等を整理して論考するのに対して，実務家教員はかつての教育委員会幹部や学校長が，滋賀県内の自分の体験や教訓を説明する。そのため，受講者も将来の自分の問題として，切実に捉え認識が深まっていることが期待できる。

２．実習の展開について

先述のように学校安全，防災教育等を取扱う科目をはじめ，学校経営力開発コースの授業と連動した実習科目には「地域協働実習Ⅰ・Ⅱ」がある。「地域協働実習」は，地域の教育委員会の協力や連携のもとで進めており，その一例の内容について紹介する。この実習科目には毎年設定されている内容と，年度ごとに設定される内容とに分けられる。

Ⅰ．例年の計画に則った実習について

まず，県教育委員会が主催する「学校の危機管理トップセミナー」への参加がある。毎年４月末に県下の小学校から高等学校までの全校長を対象とした同セミナーが開催されている。

本コースの受講生は担当指導主事に準ずるような業務を行い（図1），セミナー中は出席した学校長とともに受講する。行政説明を担当する指導主事以外の講師は文科省学校安全担当調査官，東日本大震災等の被災地で対応を余儀なくされた学校長等である。セミナー開始前には，担当指導主事から，なぜこの研修が設定され，講師が選定されたかの説明を受ける。

本セミナーの設定について，特に校長が不在の時に事件・事故等が生じた時，学校はどのように対応するのか，疑問視されたこともあった。しかし，それ以上に参加校長がセミナーで得ることが多いこと，さらには，校長不在時に教頭はどのように危機管理に対応するのか，日常から校長と教頭が話し合っておく必要性が教育委員会内でも指摘されている。

教職大学院実習参加者のトップセミナーでの役割も様々である。まず，受付業務，資料配布，参加者対応等を行う。この時，受講生の管理職も出席するため，教職大学院での取組について，所属の管理職が垣間見ることが可能となる。同時に付き添いの大学教員が，管理職と顔合わせすることによって，次の学校訪問時のスムーズな会話に繋がることも多い。受講生はセミナー後，アンケート回収も担当する。校長とともに同じ管理職研修を受け，各管理職

図1　学校の危機管理トップセミナーでの役割（受付・資料配布・案内等）

はどのような認識を持っているか，分析することは大きな意義があると思える。

　次に，滋賀県危機管理センターで開催される「滋賀県子どもの安全確保に関する連絡協議会」への出席である。会議には市町教育委員会担当者の出席のもと，子どもの安全に関する滋賀県の動向や情報交換等が行われる（図2）。この協議会には，警察本部生活安全部・同交通部，防災危機管理局，土木交通部等の関係部局からの出席もある。理由は後述するが開催場所が滋賀県危機管理センターであることも好都合である。

　滋賀県危機管理センターは滋賀県庁に隣接し，文字通り，喫緊の対応が必要となった時の拠点となる。滋賀県全域だけでなく，南海トラフ型の大規模地震が発生した時の近畿地方での危機管理センターとなることも期待されている。さらに滋賀県内には原子力発電所からの UPZ 圏内内に位置する市も存在し，他県に比べ43km 以内と広域に設定されている。4階では原子力災害事故に備え，情報集約機能を持ったセンター，即ち他県でのオフサイトセンターの役割を担っていると言っても過言ではない。また，1階では滋賀県にこれまで生じた自然災害，今後生じる可能性のある自然災害やその対策などの展示もされている。そのため，本地域協働実習でも，この展示室・情報室を用いた説明も行っている（図3）。

図2　滋賀県子どもの安全確保に関する連絡協議会への参加

図3　滋賀県危機管理センター内での実習

　さて，年に2回開催されている同協議会での実習生の役割は，受付から会議記録までを担当する。場合によっては意見が求められることもある。本協議会は，滋賀県全市町教育委員会から担当者が出席するため，実習生は自分の所属する市町の担当者と情報交換も可能である。また，会議に参加することによって，滋賀県内の状況理解が可能になるとともに，最新の情報や県教育委員会と警察・消防，河川局など，学校安全に関する様々な連携も直接理

解することができる。

　滋賀県教育委員会が主催する「防災教育コーディネーター講習会」や「学校安全指導者講習会」も毎年開催されるが，これらの講習会等へも出席することが実習の一環となっている。実習内容として，最初に担当指導主事から，本講習会の設置の経緯，本日の目的，行政説明，それに沿った講師の選定などについて説明を受ける。その後，教育委員会から与えられた役割をこなし，他の受講者とともに視聴する。講習には，教頭が最も多く参加しており，各学校の校務分掌としての位置付けの状況もうかがえるが，教頭以外の出席者は，その役割を担っているものも多く，教育現場に戻った教職大学院の2年生も見られる。M2と担当教員だけでなく，M1とM2の院生の間で情報交換できるのもそれなりの意義があると考えられる。大学の講義での内容を滋賀県の実態と照らし合わせて考えることができる意味で，講義の理解が深まることも本実習のねらいとしたい。

　さらに滋賀県では，文科省が東日本大震災以降，公募してきた「実践的防災教育総合支援事業」（H24〜26），「防災教育を中心とした実践的安全教育総合支援事業」（H27〜29），「学校安全総合支援事業」（H30〜令和2）にも採択され積極的に取り組んでいる。実施体制としては，他の教育行政の流れと同様，県の教育委員会から各市町に依頼し，本事業の委託先とも言える市町教育委員会が公立義務教育学校数校に実践を依頼する。県立の高等学校や養護学校へは教育委員会担当課から直接依頼がされる。

　このように委託を受けた市町所管の学校での取組にも地域協働実習の受講者は参加する。具体的にはコミュニティセンター等と連携した避難訓練，引渡し訓練等の防災訓練が挙げられる（図4）。実施校からは教育委員会を通じてあらかじめ，当日の流れや方法が連絡される。それらをもとに授業では，当日のシミュレーションを予想し，観察のポイントや実施の課題を探り話し合う。実施日ではその状況を観察し，実際見学をした結果からの課題等を出し合ったり，大学の担当教員から説明，指導等を受けたりする。それらを担当教員は掌握し，学校や教育委員会に改善方法等をコメントすることも多い。

Ⅱ．年度ごとに生じた課題に対応する実習

　毎年あらかじめ決められている実習以外にも年度ごとに新たな実習を加え

図4　実践的安全教育総合支援事業での取組状況

ることがある。例えば，平成29年度の地域実習では，「災害応援に関する協定都市との中学生：次代の担い手交流会」，平成30.年度では，「平成30年度学校環境衛生・薬事衛生研究協議会滋賀大会」など学校安全，学校防災に関わるテーマで，活動を行うとともに，教育界の新たな取組に関わった。

　前者の実習の評判は，こちらが想定していたより受講生に高かったため，内容を簡単に紹介しておく。平成29年度から滋賀県近江八幡市は，災害応援に関する協定都市との友好を深め，人材育成を視点に入れ，琵琶湖・沖島で人的交流を行うことになった。この目的は，災害応援に関する協定を結んでいる市町の中学生と近江八幡市の中学生が意見を交換し合い，それぞれの地域の課題から持続可能な社会づくりへの意識を高め，地域に貢献できる次代の担い手を育成すること，共同生活を通して，互いの親交を深め，災害応援協定を結んでいる都市間の友好の架け橋となり今後の地域に寄与する人材を育成すること，であった。

　「防災」をキーワードとするものの，同市は，さらに沖島の「観光」振興を進める意向もあった。同市からは本学大学教員に，「災害」，「観光」をテーマとして，上記の目的にあった同島で中学生を対象とした2泊3日のプログラムを作成し，現地で指導することの依頼があった。そこで，教職大学院の「地域協働実習」として，従来から県等が重視する「環境」を間に入れ，「防

災」，「環境」，「観光」をテーマとした教育活動プログラムを作成し，実施することとした。

　初年度は，静岡県富士宮市，和歌山県御坊市，福井県小浜市，滋賀県では，地元の近江八幡市，東近江市等から31名が参加し，中学生の交流を沖島で行った。内容については省略するが，実習生の役割として，同市だけでなく，参加した各市の指導主事，引率教員等と打ち合わせ，中心になってグループワークや大学教員の補助を行った（図5）。近江八幡市はじめ関係機関からの評価とともに，県内の指導主事や中学校引率教員等に本学教職大学院の周知に繋がった。実際，この時，参加した教員の中で，翌年，本学大学院学校経営力開発コースを受験した教員もいた。

　さらに教育センターで開催される研修について，グループワーク的なコーディネート等の実習も行なった。これらは，管理職の観点から教員の資質・能力向上を図る研修として，他の教育センターの協力を得る実習とは異なる。ただ，滋賀県の管理職にとっても重要な課題ではあるが，ここでは詳細は論じない。

3．授業と実習との内容の連動について

　教職大学院の授業の中で，連動して取扱った具体的な事例について触れる。

　平成30年7月末には，福岡県から岐阜県まで，結果的に12府県に大雨特

図5　グループワーク等での担当

別警報が発表されるような激しい集中豪雨が生じた。滋賀県にも犠牲者が生じ、国内全体では237名と近年の風水害では大惨事となった（後に西日本豪雨と称される）。平成25年に国内で特別警報が運用開始されて以来、最大の範囲に特別警報が発表されたと言える（日本初の特別警報は滋賀県や京都府等にも発表された）。この時、栗東市教育委員会に在職し、防災担当・避難所運営にあたった指導主事が平成30年度に本コースの院生であったので、この時の状況報告を授業中に依頼した（内容については前章で述べた）。災害発生後、気象庁によって平成30年7月豪雨と名付けられたが、もし、梅雨前線がもう少し南に位置していれば、滋賀県にも確実に大雨特別警報が発表されていたと考えられ、滋賀県の学校管理職・行政も再び対応に追われていたことが想定される。

　西日本豪雨の被害状況を滋賀県の自然環境に照らし合わせて検討する必要もある。西日本豪雨では特に広島県と岡山県に被害が大きかった。確かに短時間の集中豪雨の原因となる線状降水帯が生じたのも事実であるが、発生した自然災害は両県で異なったところも見られる。例えば、広島県では、広島市安佐南区のように土石流等の斜面災害が大きな被害原因となった。一方、岡山県では、倉敷市真備町のように、河川氾濫・堤防決壊による水害が大きな被害原因となった。滋賀県では、この両方が発生する可能性がある。

　広島県の土砂災害の大きな原因は、地質的に見て、中国地方など近畿地方から西日本に広がる花こう岩地帯特有のものと言ってよい。平成26年9月にも大規模な土砂災害が発生し、多数の犠牲者が生じた。この時、学校も被害を受けたり避難所となったりした。これを踏まえて滋賀県教育委員会は平成29年「学校の危機管理トップセミナー」において、広島市立梅林小学校の校長を講師として教訓を依頼している。次の写真は、その時の様子である。近年、気象情報のシステムが発達し、市町村長からの避難勧告・避難指示の発令等が明確になっても、地域の状況を知らなければ住民の迅速な避難行動にはつながらないことは、この時から指摘されていた。

　それから4年後に再び平成30年のような大惨事となった。安否を連絡した後の被災地を担当する広島市教育委員会指導主事の返信を次に記す。

　「自宅の方は大丈夫なのですが、先週の木曜日から避難所対応に追われ、

図6　広島市の学校長のトップセミナーでの講演状況

本日，久々に出勤したところ，各学校の状況を聞いて愕然としたところです。まだ，断水している地域もありますし，土砂が1階校舎まで流れ込んでおり，学校の再開が未定の学校も数校あります。行方不明の児童生徒もいます。まだ学校施設の被害状況や被災児童生徒等の状況の把握をしている段階のため，これからもっと厳しい現実に直面するものと思われます。課の職員で力を合わせながら，関係部局とも連携しながら，一日も早く児童生徒たちが元の生活が送れるよう，今できることをしっかりとやっていこうと思います。」このように，自然災害対応時の生の声を担当指導主事の許可を得て，授業で用いている。他にも熊本地震後，鳥取県中部地域に発生した地震後の担当指導主事による教育関係機関の状況や対応等についても授業で取り扱った。

　平成26，30年の広島県，そして令和元年の宮城県でも大規模な土砂災害が発生した。短時間での急激な降水量とともに風化した花こう岩も原因の一つとなっている。滋賀県でも比良山系，比叡山周辺，田上山など，中生代後期の花こう岩が広がっている。これらの地域も豪雨時に，風化した花こう岩が土石流を生じやすい。花こう岩は主に第四紀の地殻変動によって地表に現れ，その動きと活断層の存在は無関係でない。結果的に脆い部分が多いのも事実である。大津市警戒区域として発表されるのはこの地域が多い。

　また，豪雨時に河川堤防が破堤したり，内水被害さえ，頻繁に発生したり

する。平成25年の日本初の特別警報が発表された時も県内の多くの河川において浸水被害が生じた。

（4）滋賀県の課題と教育委員会との連携

1．国内の動向と滋賀県の現状

　教育行政の状況から，国（文科省）では，「防災」を「災害安全」と同義とし，「交通安全」，「生活安全」とともに「学校安全」を担当している部局は現在，総合政策教育局男女共同参画共生社会学習・安全課である。同局・同課は平成30年10月に移管され設置されて間もない。これまで述べてきたように，この担当課は，その直前には初等中等教育局健康教育食育課に属し，かつてはスポーツ青少年局に所属していた。ただ，各教科の教育課程を担当する初等中等教育の課とは，その趣旨から性格が異なる（そのため両課の兼務担当者も見られるが）。滋賀県の行政組織も同様であり，学校教育現場への教育課程等を担当する課と保健体育課からの指示・連絡系統等の違いがある。また担当課においても，事件，事故・災害が発生する度に文科省から調査や通知がされ，それを各学校に連絡するのであるから，県市町の指導主事，校長・教頭の業務も増える一方である。平成30年度は，文科省が取り上げた登下校中の事件・事故が2件あり，一層，それが懸念された。

　教科においても災害の原因となる自然現象のメカニズムの理解をねらいとする理科と，災害が社会に与える影響や防止を主体とする社会科とは区切りがされている。しかし，これらを切り離すことの難しさは，平成31年1月に実施されたセンター試験の理科，地理歴史科の出題を見ても明らかである。福島県など東日本大震災での甚大な被災地の学校では，防災教育・放射線教育などをカリキュラムマネジメントの観点から取り扱われることも見られる。また被災地でもあり，長期間避難所となった仙台市立七郷小学校は，文科省研究開発学校の指定を受け，この間，本章前節で述べたように「防災安全科」を設置し，教科を超えた枠組みの中で授業展開を行った。現在も「総合的な学習の時間」はじめ様々な教科等で防災教育の実践を行っている。しかし，このような実践は国内全体では必ずしも多いとは言えない。

　滋賀県においても改善を諮りたい内容は多々存在する。日本で初めて発表

された特別警報への対応の教訓は大きかったはずではあるが，学校現場ではその後も防災に対する取組は十分とは言えないところがある。

　学校安全についても避難訓練，引渡し訓練等の方法がより検討される必要がある。先述のように大阪府北部地震，鳥取県中部地震とも避難途中に負傷を負った児童が存在する。これらを踏まえた避難訓練も今後必要となる。さらに避難訓練も年間に複数回実施される傾向にあるが，緊急地震速報を用いた場合も，ハンカチで口を覆うなど火災からの避難のような態度を取る児童が度々見られる。

　つまり，なぜこのような動きや対応が必要なのか，児童生徒だけでなく教職員も理解した訓練を意図することである。また，保護者や地域と連携した引渡し訓練において，保護者が自分のクラスや担任を運動場でもすぐに探し出せるような工夫も必要である。平成 30 年度滋賀県で実施された避難訓練・引き渡し訓練において，上のことを配慮した取組も求められる。

　さらに，これも繰り返して指摘してきたが，地域の自然環境を取扱う場合，学習指導要領に則った授業では限界がある。地域の異なった自然環境によって発生する自然災害には大きな違いが見られる。滋賀県でも今後大規模な地震が発生する可能性は種々の活断層の存在，分布からも低くはない。しかし，海に面していない滋賀県では，津波に備える必要はあるのか。また，国内では，北海道，九州はじめ，活火山を有する地域の火山噴火の可能性は決して低くはないが，滋賀県では噴火等の危険性にどのように備えることが求められるのか。などの課題も存在する。ただ，この移動の著しい時代，住民もずっと滋賀県にいるとは限らないし，子供達にとってはなおさらのことであるため，津波や火山も取り扱わないわけにはいかない。このような状況から日本列島全体の自然災害を踏まえながらも滋賀県の自然環境に即した防災教育の構築や取組が不可欠である。つまり，防災・減災教育の視点を持った自然災害に関する教育実践は，自然と人間との関わり，人間と人間（社会）とのつながりを主題とする環境教育，ESD のねらいからも重要なことである。しかし，今日重視されるカリキュラムマネジメントや SDGs（持続可能な開発目標）の観点から自然災害を取扱った教育開発は少ないのも事実である。

　滋賀県においては，これまでも継続的に滋賀県の自然環境に立脚した自然

現象，災害を踏まえた防災教育の教材やプログラム開発及びそれらの実践，評価等の構築を目的としてきた実践がある。例えば，彦根市教育委員会は既刊の防災教育副読本「明日に向かって」の活用を一層進めるために，平成30年度末には，作成したワークシートを全市内の学校に配布した。

　2011年東日本大震災発生後において，未だに解決のめどが立っていないのが，東京電力福島第一原子力発電所の廃炉に向けての取組であろう。

　文科省は，平成30年度に「放射線副読本」を小学生版，中学・高校生版の改訂を相次いで刊行し，全児童・生徒に配布した。放射線に関する「いじめ」が取り上げられたとは言え，この副読本の内容が小学校で使えるのかという疑問も持たれ，全体的には活用の可能性は高いと考えられない。滋賀県野洲市では，市議会の中で，この文科省が全国の学校に配布した副読本を回収することを決め，多くの衝撃が広がった。

　滋賀県においても原子力災害に対する防災教育は無視できない。むしろUPZ圏内に学校が立地しているのも事実であり，全県としても認識する必要がある。特に滋賀県は近畿地方の水瓶と言うべき琵琶湖が存在しているが，県全体としては，住民の認識が高いと言い難い。福島県ではいじめの影響が大きく，人権・道徳教育とも関連して，東日本大震災発生後からすぐに「放射線教育」に取り組まれた。「第2次学校安全の推進に関する計画」が閣議決定され，文科省の初等中等教育局から全国に通知がなされた。ここでは原子力発電所事故に備えて，マニュアルの作成や避難訓練などの必要性が示されている。地域によって意識に差があるが，現在西日本では9基が再稼働されている現状からも，まず住民の関心を高めることが不可欠であろう。

　県には先述のように，危機管理センターが設置されている。日本海側の原子力発電所に事故が発生した時の滋賀県のオフサイトセンターとも言えるが，地域の関心を反映してか，学校教員も含め原子力災害に対する認識は高いとも言えない。そのため，早急に教育プログラムや教育方法等の開発が不可欠である。

　滋賀県に限らず，防災・減災教育の観点としては，自然は日常では多くの恵みを人間に与えていることを重視する必要もある。先に触れたが，平成30年度には，滋賀県の自然環境，社会環境を重視した防災，環境，観光を

推進するために，特に沖島を中心として，災害応援に関する協定都市間での中学生を対象としたプログラムを開発し，実施した。自然の恩恵を重視した観点が多いとは言えないが，最終的には自然の二面性を取扱った教材・プログラム開発につなげる意図にあることも断っておく。

2．教育委員会との連携

学校安全，学校危機管理については，まず基本となるのが，自校での備えや対応に関してである。そのためには，自分の所属する市や県についての現状と課題を十分に掌握する必要がある。大学授業と連動を図るためには，このシステムをつくるために大学教員も積極的に滋賀県の課題に関わっていく必要がある。

先述のように滋賀県では，文科省の「実践的防災教育総合支援事業」等について3期に渡って連続して申請し，採択されている。そのために，毎年4～5の市町，県立学校が協力支援校となり，様々な実践的な取組を行っている。これらは重要な姿勢ではあるが，完全な内容，方法はなく，県担当課，大学等の研究機関とも模索中である。そこで，各学校の取組を参観したり，活動に加わったりするだけでなく改善策等を提案していくことも意義がある。

また，1年間の滋賀県の学校安全の取組を毎年，冊子にして刊行している（図7）。保健体育課の指導主事が文科省の支援事業として実践を依頼した学校や教育委員会から原稿を集約したり，トップセミナーはじめ外部講師からのパワーポイント資料などを講演者の許可を得て，掲載したりしている。そして最初に滋賀大学の教員が，その1年間の滋賀県の学校安全・危機管理の現状と課題を踏まえて論説している。

この冊子は，県内すべての学校に配布されており，この費用は滋賀大学の担当教員の研究費から支出されている。

（5）今後の課題

本稿で紹介したのは，学校経営力開発コースでの授業と連動した実習についての紹介である。教育実践力開発コースにおいては，現在のところ，上述のような「学校安全」，「防災教育」等を記した科目は設置されておらず，時

図7　滋賀県防災・安全教育実践事例集の例

代のニーズからも今後両コースにも設定されることが望まれる。

　確かに，全国的な状況を考えた場合，「学校安全」等を専門とする教員が不在の大学院や学部においての授業・実習の実践が懸念される。適切な教科書・参考書等もあるとは言えない。しかし，平成31年3月に改訂された文部科学省（2019）「学校安全資料『生きる力』をはぐくむ学校での安全教育」は学校安全の内容・方法が整理・体系化されており，大学教員が，関連する科目を実施する場合のテキストもしくは参考図書として，全国的にも有効であると考えられる。

　国内の動向を見ても，教職大学院の中で，学校経営上において，学校安全，危機管理等が教育課程に位置付けられていたり，演習と連動されていたりする事例は多いとは言い難い。今後は授業科目，実習との整備，体系化も進めて行くことが望まれる。確かに学校教育において喫緊の課題が多く，教職大学院とは言え，わずか2年間のカリキュラムの中で，これらを全て取り扱うのには，限界があるのも事実である。

　また，今日，大学では，研究時間・研究費の不足に加え，大学運営，学生指導等に膨大なエネルギーが割かれている。学校現場で多くの教育課題に対応できるような教員養成が求められているが，少子化に伴う影響も受け，従来に比べ人事が凍結されるなど，教育大学等の指導側の限界も否定できない。つまり，学校安全，危機管理等については，教職大学院レベルは当然ながら，学部レベルでも設置すべき重要な内容であるが，専門教員の不足，履修科目の制限などの課題が切実になっている。加えて，学校安全，危機管理等には，大学教員の確保，教育委員会・教育現場との連携が一層不可欠であり，そのシステムの構築も求められる。

　本稿で紹介した「地域協働実習」の内容や方法も教職大学院の実習として適切であるのか，模索的な段階であることも否定できない。滋賀県の各年度の先端課題について，教育委員会の理解・協力のもとに取り組むため，実習内容・方法の長期的な計画が存在するとは言い難いこともある。今後も大学の講義内容と連動した実習開発を更新していく必要があるのは事実であるが，大学が主体的なカリキュラムを作成することを念頭におきながらも，教育委員会との連携・協力が不可欠である。

　以上の活動を通して，滋賀大学教職大学院の存在だけでなく，具体的な活動が，管理職や県・市町の教育委員会幹部等に広く知られ，大学院派遣にも好影響を与えていることが期待できる。また，FDの結果を見ても，同じ授業担当者であっても他の授業科目と比べても評価は高い。さらに大学院修了後，これらの学びは役立ったと振り返る現職もいる。本稿では，紙数の関係等で，教育法規や学校経営等の授業科目との連携を述べることができなかったが，今後，それらの成果も踏まえ，全国に発信していくことも，本学が教職大学院の先攻事例となっていくことが期待できる。

謝辞

　本取組をはじめ，教職大学院での授業と連動した実習には，教育委員会の理解と協力が不可欠である。滋賀県教育委員会のご担当の方，特に保健体育課には大変お世話になった。また，教職大学院の実践的フィールドとして，近江八幡市，彦根市，栗東市の各学校，教育委員会等には貴重な場を提供いただいた。ここに深謝いたします。

文献

藤岡達也 (2019)「科学的リテラシー育成と自然災害に関する防災・減災, 復興教育」, 初等教育資料，6，164-169。

文部科学省（2017）「第2次学校安全の推進に関する計画」1-30。

文部科学省（2019b）『学校安全資料「生きる力」をはぐくむ学校での安全教育』1-116。

3　自然災害に向きあう高校教育活動の実践例

貴治　康夫・山岡　奈央子・西尾　治子

（1）はじめに

　2011（平成23）年に発生した東北地方太平洋沖地震以降も，わが国は地震や火山噴火，気象災害にたびたび見舞われてきた。自然災害によって被害を受けるリスクは他の先進国に比べてはるかに高い。世界規模での情報網の発達により，被害の大小に関係なく海外の被災地の様子がリアルタイムで伝わる時代になり，自然災害に対する人々の危機意識も高まっているように思われる。学校現場における防災教育の取り組みの機会は増え，その内容も多様化している（例えば貴治・岡本，2015など）。本稿では被災地における避難所生活に焦点をあて，復興教育的側面を持つ家庭科授業の実践例を中心に紹介する。

（2）家庭科での取り組み

　大阪府立箕面東高等学校は2005年に普通科から多部制単位制へ，さらに2015年からは総合学科へと改編された。その間，生徒の通学区域は府内全域に拡大し，カリキュラムも大きく変更されてきた。そのような中，2016年度から2年間，1年生（6クラス，約210名）を対象として「家庭基礎」の時間に防災・減災に関わる授業が実施された。夏季休業後の8月下旬〜9月初旬，短縮授業期間中に避難所生活やハザードマップを教材として，高校生は自然災害にどのように向き合うべきかを学ぶ内容である（表1）。

　家庭科で本授業が計画された理由として2016年に発生した熊本地震の影響は大きい。4月14日午後9時26分にM6.5（気象庁マグニチュード，以下同じ）の前震が，28時間後にはM7.3の本震が発生した。当初，最初の前

表1 「家庭基礎」防災授業計画

	時間目	内容
1週目	1	『避難所』生活を考える。起こりうる状況にどう対応するか。（体験学習） 総合実習室を避難所と見立て，クラス全員が避難してきたと想定して体験学習 避難所で想定しうる問題点についてクラス内で解決策を考える 課題「20人分しかないご飯を40人で分けるにはどう工夫するか」
	2	避難所体験の振り返り 熊本の被災地でのボランティア活動実践の講話 （暮らしづくりネットワーク北芝職員より） グループ学習（アルファ米，非常食の試食，紙の食器使用など）
2週目	3	クロスロードゲームで防災を考える。正解はない。
	4	ハザードマップを使った学習（グループ学習） 生徒の居住地のハザードマップを準備 生徒を居住区域ごとにグループ分け，危険区域の把握，避難所までの経路確認など

震は震源地付近で震度7が観測されたため本震とみなされ，その後も同様な揺れがあったため甚大な被害が生じた。地震学の常識を覆すような揺れの特徴によって，防災の難しさが改めて浮き彫りになった。防災・減災よりも復旧・復興に向けての人々の行動のありかたに着目した授業の構成が必要ではないかと考えられた。また，災害発生後の復旧や復興に果たす高校生の役割が重要であると考えられた。若くて体力が充実していること，大人と子供の間を取り持つことができ，場合によっては大人と対等な立場で行動できること，地域（自宅周辺）の人々と顔見知りで土地勘があることなど，動ける人材として高校生はふさわしいと考えられる。アルバイト経験のある高校生も少なくなく，義務教育段階にある小・中学生よりも責任感は強い。社会的，心理的に自立心が芽生え，自己有用感にも敏感になる時期でもある。このような成長過程にある高校生を対象に災害時の対応に備える実践的授業を計画するうえで家庭科は適しているといえる。

クロスロードゲームについては最近，防災教育や防災研修で活用されている。本授業では災害対応時のジレンマを生徒同士でオープンにし，災害を他

人事と捉えず，様々な意見や価値観を共有しながら他者理解につなげることを意図している。避難所の運営を模擬体験するために，静岡県が 2007 年に開発した避難所運営ゲーム（HUG）もクロスロードゲームとならんでしばしば活用されているが，今回は NPO 法人の支援・助言のもと，HUG ではなく模擬避難所体験と東北地方や熊本で実際にボランティアにあたった NPO スタッフの講義を入れることによって授業を進めた。

（3）避難所生活の模擬体験学習を通して

　避難所生活を生徒に理解させるための工夫のひとつとして，緊急の避難所に見立てた教室内で，避難所の雰囲気に浸りながら生徒たちがとるべき態度や行動を考えさせる。宮城県や熊本県の被災地で実際にボランティアを経験した NPO スタッフが発案した。彼らの体験に基づいて避難所生活で起こりうる様々な場面を設定した。教室の中は机や椅子，段ボール箱が散乱し混乱した状態になっている。紙コップや非常用のペットボトルがわずかに置かれている。真夏でありながらエアコンのスイッチは切られている。灯りのない夜間を想定するため，カーテンを閉めた状態で授業が開始する。

　やがて緊急避難所となった教室に，乳幼児を連れた母親が駆け込んで来る。ペットの犬を連れた男性もやって来る。しばらくすると認知症の老人がふらっと入って来るなど，様々な事情を抱えた人達が次々に現れ，思いがけない行動に出る。それぞれの役をスタッフや教員が演じた。このような状況のなかで生徒達はどのような態度をとり行動するべきかを考え，意見を出し合う。（図 1，2，3，4）。

　模擬体験のあと，彼らの考えたことを調査した（表 2）。多くの生徒が体験授業中に考えたことは食糧調達も大事ではあるが，それよりも「とにかく寝ること」に徹することである。生徒にとって，ひたすらじっとしていることが他人とのトラブルを避ける無難で最善の方法だということであろう。世代や育った環境，抱えている問題が異なる人々が集まる避難所生活のイメージとして，プライバシーが全く確保できないことへの不安や不満が募る場所であることを表している。避難所生活に対する負のイメージは体験授業後の振り返りではどのように変化しているのか。アンケートの結

図1　模擬避難所に必要な物品

図2　赤ちゃんを抱いて「避難所」へ

図3　模擬避難所の中の様子

図4　わずかな飲料水をどう分けるか

表2　模擬避難所のなかで何を考えたか（2016年，複数回答あり）

質問項目	回答	人数	理由（無回答あり）	人数	その他
模擬避難所の中で一番考えたことは何か	とにかく寝ること	42	寝ないと疲れる	10	段ボールを確保しなければ（2名）
			静かにしておくため	6	
	食糧の調達に努めること	30	食糧がないと生きていけない	14	水を分け合わなければ（17名）
	自分の居場所を確保すること	14	気持ちを落ち着かせるため	3	
			安全確保のため	2	
	今後，どうするか考えること	4			
	避難所に来たペットのこと	1			

果（表3）からは，彼らの多くは協力しあうことの大切さを認識できるように
になったほか，少数ながら災害時の季節，怪我への注意，持病・アレルギー
の心配，リーダーになることへの不安など，より具体的なイメージが出てき
ている。さまざまな思いや感情が具体的に彼らの脳裏を巡り，自ら考えると
いう意味では模擬避難所体験は有効であるように思われる。

表3　模擬避難所体験前後の意識の変化（2016年，複数回答あり）

質問事項	回答（複数回答あり）	人数
避難所生活のイメージ	大変だ	9
	寝苦しい	9
	暑い	8
	見知らぬ人との行動がしんどい	5
	疲れる	5
	うるさい	4
	いろんな人がいる	3
	ストレスがたまる	2
	安心できない	2
	水	2
	窮屈	2
	話すことができない	1
	パニック	1
模擬避難所体験後の思い	協力しあうことの大切さ	3
	今のありがたさ	2
	自己中心ではだめだ	2
	災害時の季節（夏か冬か）の影響	2
	自分はリーダーになれるだろうか	1
	自分にとっての避難のタイミング	1
	怪我に気をつけなければならない	1
	持病，アレルギーによる死への不安	1
	命の大切さ	1

（4）ハザードマップを活用した授業

　自然災害の特徴は地域ごとに違いがあり，それに応じて各自治体が防災・
減災対策を講じているため，小・中学校に比較して通学域の広い高等学校で
の防災授業では，自宅周辺の災害特性を生徒各自に理解させる工夫が必要に

なってくる。今回は生徒の居住する地域の全自治体からハザードマップを収集するよう努めた。2016（平成28）年度の授業に用いたハザードマップは大阪府下の9自治体（池田市，豊中市，吹田市，豊能町，箕面市，茨木市，高槻市，大阪市淀川区，中央区）である。クラスの生徒を自宅住所が近い者同士でグループ分けした。

　ハザードマップには予測される災害の発生地点，被害の拡大範囲や程度，さらには避難経路，避難場所などの情報が図示されている。各グループで机の上に広げたハザードマップを見て話し合いをしながら，用意された様々な設問に基づいて作業を行わせた（表4）。

　ハザードマップは役所で容易に入手できるが，自治体によっては全家庭に配布したり，インターネットを通じてダウンロード可能にするなど普及が進み，生徒のだれもがその存在を知っている状況にある。しかしながら，災害時を除いてマップを活用する機会が少ないため，ハザードマップを学ぶ実習は極めて重要である（図5，6）。2018年の平成30年7月豪雨（西日本豪雨）

表4　ハザードマップ実習の設問内容

	設問
1	自宅のある位置に赤色のシールを貼ろう 自分や班のメンバーが避難する場所を書きだそう（水害発生時，地震発生時）
2	大切な情報通信の場となる「公衆電話」がある場所に緑色のシールを貼ろう
3	スーパーやコンビニなど食料品や日用品を取り扱っている場所に青色のシールを貼ろう
4	避難する際に配慮を要する高齢者や赤ちゃん，障がいのある人がいる家，保育所，幼稚園，介護施設などがある場所に黄色のシールを貼ろう
5	消火用の水が確保できそうな場所があれば桃色のシールを貼ろう
6	地下道（電車や道路の高架下など）や小さな川に金色のシールを貼ろう
7	自宅や避難所の周りで，危険な場所に印をつけよう（狭い道路，水路，段差など）
8	自宅から避難所まで，どの道を通って避難するか，経路に色を塗ろう （大雨による避難の場合は青，地震による避難の場合は赤） これらの経路は大雨や地震の時でも安全か
9	学校から自宅まで歩いて帰ることになった場合の経路をたどろう（広域のマップを使用） 携帯がなくても帰ることができるか

図5　ハザードマップを用いたグループ作業

図6　設問に従い，シールが貼られたハザードマップ

や2019年秋の台風19号発生時に，ハザードマップで示された土砂災害危険個所や浸水想定区域以外での被害が甚大であったことが明らかになるなど，ハザードマップの有効性と限界についてはマスコミでも指摘されている。ハザードマップによる情報を正しく認識し，有効に活用する方法を学ぶ意義は大きい。

（5）授業後の感想

　本授業実施後の生徒の意識を調査した結果を表5に示す。避難所生活については不安な気持ちがあることも事実であるが，前向きに向きあう気持ちが芽生えていることがわかる。模擬避難所体験に続き，NPOスタッフによる講義を実施したことによって学習効果があったものと考えられる。その他1

表5　授業実施後の生徒の意識（2016年，複数回答あり）

向きあう気持ち	少しでも役立てれば（機会があればボランティア）	17
	地震発生を頭に入れておきたい（南海トラフの動き）	4
	日頃から避難に対する準備が必要	3
	食事の工夫（アルファ米の活用など）	2
	ボランティアや中高生のバイタリティに共感	1
	助け合いはぜひ必要	1
	自分のこととして考えることができた	1
	被災後の行動が大事	1
	避難所ではまずルールを決めなければならない	1
	カーテン，段ボール活用の工夫	1
	自動車で過ごす工夫	1
不安な気持ち	二週間以上の避難所生活は無理	2
	プライバシーがない	1
	ストレスたまりそう	1
	もし冬だったら	1
	極限に追い込まれたら	1
	うるさくて眠れない	1
その他	今だに復旧できていない	4
	今の幸せを実感	2
	時とともに過去の話になるのか	1
	不自由な生活に涙が出そう	1
	被災者にとって「がれき」は禁句だ	1

名が，被災者を前にして「がれき」という言葉は禁句であると回答している。今回の授業は，何気ない言葉にも気を配り，被災者に寄り添った対応が大切であることを意識するきっかけになったのかもしれない。

（6）家庭科におけるその他の実践

　2018年6月にM6.1の大阪北部地震が発生した（図7）。阪神淡路大震災以降の大都市での地震被害として，通学路におけるブロック塀倒壊事故がクローズアップされた。また同年9月，M6.7の北海道胆振東部地震の際に発生した道内の大規模停電は都市の機能をマヒさせ，人々の生活を混乱させた。

このような地震災害の影響もあり，2018，19年には2時間連続の学校設定科目の時間帯に，箕面東高校から100mたらずの位置にある東保育所の幼児を生徒が引率して，箕面市指定の避難所でもある市立東小学校まで約800mの道程を誘導する実習が行われた。小学校到着後，生徒達は食糧備蓄倉庫を見学した後，フリールームを借りて避難時の心構えの標語「おはしも」を児童たちにやさしく解説。その後，幼児を再び保育所に連れ帰るという実践活動である。また，調理実習では防災クッキングも実施した。被災してライフラインが途絶えた状況を想定し，調理実習室を使用せず，被服教室で節水しながら制限された食材で「ロールサンドウィッチ」や「みそ玉」などの栄養ある非常食をつくった。

図7　大阪北部地震で壊れた石灯籠（大阪府茨木市）

（7）おわりに

　筆者のひとりが現在勤務する立命館高等学校の修学旅行は，複数のコースに分かれ，生徒自らが行先や内容を企画する。2019年3月初旬に実施した2年生修学旅行の国内コースのテーマは「街づくり」であった。九州北部の都市を巡り，最後に熊本県内で地震後の復旧・復興のありかたを地元の人と共に考える内容である。震度7を2度記録した熊本県益城町の被災地を訪れ，被害の様子や避難所の設営から運営の経過などについて現地の人々から詳し

くお話を伺った。布田川断層帯の地表地震断層を見学しながら，復興の展望や課題について話し合う機会を持てたことは，生徒達にとって大変有意義であった（図8，9）。この修学旅行が生徒によって企画されている最中，大阪北部地震が発生した。通学途上，停止した電車のなかで長時間を過ごした生徒，登校できたものの帰宅が困難になり，夜遅くまで保護者の迎えを待った生徒など，阪神淡路大震災を知らない生徒達にとって，生まれて初めて体験した被害地震であった。これらの体験から生徒達は，災害後の復旧や復興に向かう人々の営みにいっそう興味・関心を持つようになったようである。箕面東高校における授業後の生徒の意識変化も併せて考えると，実際に高校生が避難所でのコミュニティーづくりなどに積極的に参加する可能性は高いと思われる。他人のために行動するなかから自己有用感は育まれる。社会性の基礎になる自己有用感（生徒指導・進路指導研究センター編，2015）に着目した防災教育活動プログラムの開発の意義は大きいであろう。自然災害発生のメカニズムの理解に視点を置きがちな理科教育においても自己有用感を育める場面を設定するなど，復興教育的視点から授業を工夫することにより，生徒は意欲的に学ぶ姿勢を見せるようになると考えられる。

図8　被災地で復旧の過程を学ぶ（熊本県益城町東無田）

図9　布田川断層帯付近の見学（熊本県益城町東無田）

謝辞

　家庭科授業の計画および実施にあたって，NPO 法人暮らしづくりネットワーク北芝のスタッフの方々には，貴重な助言をいただくとともに長期間にわたってご支援・ご協力いただきました。記して感謝いたします。

文献

貴治康夫，岡本茂（2015）「都市郊外の高等学校における防災に関わる教育活動の現状」，学校防災研究プロジェクトチーム『生きる力を育む学校防災Ⅲ』，共同出版，pp.242-253。

生徒指導・進路指導研究センター編（2015）「「自尊感情」？それとも「自己有用感」？」Leaf.18，文部科学省　国立教育政策研究所，p.3。

写真は全て貴治康夫が撮影。

4　通学路のブロック塀の安全点検を取り入れた地震防災教育プログラムの実践
―南海トラフ巨大地震に備えて―

川真田　早苗・村田　守

（1）はじめに

　近い将来発生が危惧されている南海トラフ巨大地震から身を守るためには，地震が「自分に起きる」自然災害であるという意識を児童にもたせ，無関心にさせないことが必要である。そのためには，教員が教え込むのではなく，児童が実際の地震被害から地域の危険箇所を知り，発生時そこから離れることを主体的に学ぶ防災教育の実現が重要である。

　徳島県では，南海トラフ巨大地震が発生した場合，大きな揺れや津波による壊滅的な被害が想定されている。1946（昭和21）年南海地震津波被災地域の小学校では，災害遺跡調査など校区に根ざした防災教育を展開している。一方，筆者の一人が赴任する吉野川市立牛島小学校は，海から離れた場所に位置しているために，児童は南海トラフ巨大地震について「自分に起きる」という意識が低い。その理由は2つ考えられる。第1の理由は，地震に関して単発的な防災学習や防災指導は行っているが，児童が主体的に問題を見いだし追究するような防災教育を実施していないことである。第2の理由は，津波及び津波の河川遡上による被害の可能性が低いことから地域住民が南海トラフ巨大地震を深刻に捉えていないことである。

　そこで，本稿では，児童が主体的に学習できる地震防災プログラムを開発したので，その実践を報告する。本プログラムは，6年生の理科「大地のつくりと土地の変化」において，地震学習後の通学路のブロック塀の安全点検，総合的な学習の時間での学習内容の統合化と地域に向けた学習成果発表会から構成されている。また，地域に向けた学習成果発表会の実施により，地域

185

表1　地震倒壊ブロック塀による死者数

地震名	発生年月日	規模	全死者数	ブロック塀倒壊による死者数 1)〜7)は文献番号	全死者数に対するブロック塀倒壊による死者数の割合（％）
新潟地震	1964.6.16	M7.5	28	3[1]	11
十勝沖地震	1968.5.16	M7.9	48	4[1]	8
宮城県沖地震	1978.6.12	M7.4	28	18[2]	64
阪神淡路大震災	1995.1.17	M7.3	6434	把握できず[3]	把握できず
福岡県西方地震	2005.3.20	M7.0	1	1[4]	100
東日本大震災	2011.3.11	Mw9.0	15897	把握できず[5]	把握できず
熊本地震	2016.4.16	Mj7.3	267	1[6]	0.3
大阪北部地震	2018.6.18	Mj6.1	6	2[7]	33

住民の南海トラフ巨大地震に対する関心を高め，防災意識を向上させるねらいも含まれている。

（２）学校施設におけるブロック塀等の安全対策等状況調査

2018（平成30）年6月の大阪北部地震では，小学校のブロック塀の倒壊により児童が死亡した。地震によるブロック塀倒壊の危険性は既に，1978（昭和53）年宮城沖地震から広く認識されてきたが，2016年熊本地震や2018年大阪北部地震等，ブロック塀の倒壊による人身事故は繰り返し発生している（表1）。

各学校では，2012（平成24）年に文科省が示した学校防災マニュアル（地震・津波災害）作成の手引き[8]により「落ちてこない・倒れてこない・移動してこない」場所を見つけて避難する避難訓練を校内で実施してきた。しかし，2018年6月に発生した大阪北部地震では，ブロック塀倒壊により通学児童が死亡した。このことから，校内・通学路のブロック塀を取り扱い，「落ちてこない・倒れてこない・移動してこない」場所を見つけて（危険予測）すばやく避難すること（危険回避）に関する学習内容を取り入れた地震防災教育の実践が必要であると考えられる。

2018年大阪北部地震を受けて文部科学省は，学校施設におけるブロック

塀等の安全対策等状況調査を実施した。その結果，全国の国公私立の小中学校や高校，幼稚園 51,082 校のうちブロック塀等を有していた学校は約 40% の 20,280 校であり，約 11% の 5,808 校で安全性に問題のあるブロック塀が確認された。約 8% の 3,915 校は 2020 年 3 月末日までに安全対策を終える予定であるが，約 4% の 1,893 校は 2020 年 4 月以降に安全対策を完了予定であると公表した[9]。

　徳島県内では，国公私立の小中学校や高校，幼稚園 236 校のうち，ブロック塀等を有する学校は約 89% の 210 校であり，全国平均の 2 倍強の割合である。そのうち，安全性に問題のあるブロック塀を有する学校は約 43% の 102 校であり，全国平均の約 4 倍となっている。しかし，2020 年 3 月末までに安全点検を完了し，ブロック塀の撤去・改修を終えたのは約 34% の 80 校であり，全国平均を上回っている。残りの約 9% の 22 校は，2020 年 4 月以降に安全対策の完了を予定している[10]。

（3）学校施設及び通学路におけるブロック塀の現状

1．学校施設における通学路に面したコンクリート塀

　牛島小学校のコンクリート塀は，色が黒く変色している部分（図 1 の矢印範囲）が 1904（明治 37）年に建築され，白っぽい色の部分が 1969（昭和 44）年 7 月のプール建設時に増築された。地震防災教育を実施した 2018（平成 30）年 11 月の時点で，色が黒く変色している部分は建築後 114 年，白っぽい部分は建築後 49 年が経過していた（図 1）。コンクリート塀は南北に伸び，高さは 1.05m，長さは 43.2m，厚さは 10cm である。高さの内訳は，段数 5 段 100cm，笠木 5cm である。1904 年に建築されたコンクリート塀の表面は，経年劣化により大きくひび割れ脱落している部分があった。コンクリート塀の寿命の目安は 30 年であり，寿命を超えているブロック塀は倒壊する危険性が高いことから，本校のコンクリート塀は倒壊の危険性が高いといえる。吉野川市教育委員会総務課は，大阪北部地震発生後の 2018 年 6 月 22 日にブロック塀を中心とした学校施設の安全点検を実施した。その結果，本校の危険なブロック塀は翌年 2019 年 4 月 11 日から 7 月 11 日の期間に撤去され，フェンスへと改修された（図 2）。

２．通学路に面した民家のブロック塀

　本校区の通学路に面したブロック塀は，建築後 60 年以上経過しているブロック塀が多い。表面に苔が生えているブロック塀，控え壁がないブロック塀，破損しているブロック塀も多数見られる。

図１　牛島小学校改修前のコンクリート塀
（2019 年 4 月木村建設撮影）

図２　牛島小学校改修後のフェンス
（2019 年 7 月川真田撮影）

（4）通学路のブロック塀安全点検を取り入れた地震防災教育プログラムの実践

１．地震防災教育プログラムのねらい

　文部科学省では，東日本大震災を契機として，1998（平成10）年に作成した学校防災のための参考資料『「生きる力」を育む防災教育の展開』を改訂し，2013（平成25）年3月，全学校園に配布した。本書では，第2章に学校における防災教育のねらいが示されている。そこで，本書が示している防災教育のねらいを参考にして，南海トラフ巨大地震に特化した地震防災教育プログラムのねらいを次のように設定した[11]。

　　ア）南海トラフ巨大地震の伝わり方について理解を深め，南海トラフ巨大地震時に，的確な思考・判断に基づく適切な意志決定や行動選択ができるようにする。

　　イ）南海トラフ巨大地震に伴うブロック塀倒壊の危険を理解・予測し，自らの安全を確保するための行動ができるようにするとともに，日常的な備えができるようにする。

　　ウ）自他の生命を尊重し，安全で安心な社会づくりの重要性を認識して，学校，家庭及び地域社会の安全活動に進んで参加・協力し，貢献できるようにする。

２．指導計画

　本地震防災教育プログラムは全19時間の理科及び総合的な学習の時間からなる（表2）。牛島小学校6年生12名，時期は，2018年11月から12月に実践した。

　まず第1時から第11時までの理科学習について述べる。第1時では，児童に学習の見通しをもたせるために，地面の下の様子を予想させた。第2時では，校庭を数カ所掘り予想を確かめた。第3時・第4時では，学校近くの江川の川原を掘り，地層がどのようにできているのかを確かめた。第5時・第6時・第7時では，実際に地層がどのようにできるのかを堆積実験装置を使い実験を通して観察した。第8時では，吉野川市のシンボルである高越山には火山灰が堆積した凝灰岩の層があることを知らせ，どのようにして火山灰の地層ができたのかを考えさせた。第9時では，火山灰を顕微鏡で観察し，

表2 指導計画

教科	時数	学習内容
理科	1	地面の下の様子を予想しよう
	2	地層の様子を観察しよう
	3・4	地層はどんなものでできているのだろうか
	5・6・7	地層はどのようにつくられたのだろう
	8	火山灰が地層にあるのはどうしてだろう
	9	火山灰はどんな特徴があるのだろうか
	10	火山の噴火によって大地はどう変化するのだろう
	11	地震によって大地はどう変化するのだろう
総合的な学習	12	P波・S波の伝わり方は違うのか
	13	S波により建物はどう倒壊するのか
	14	図書室で倒壊が予測される本棚はどこだろう
	15・16	通学路のブロック塀の安全点検をしよう
	17・18	学習のまとめをしよう
	19	学習発表会で家族や地域の人に発表しよう

鳴き砂と比べその特徴をまとめた。第10時では，火山の噴火により大地はどのように変化するのかを映像や資料で調べた。第11時では，地震により大地はどのように変化するのかについて映像や資料で調べた。

次に，第12時から第19時までの総合的な学習の時間について述べる。第12時から第13時は，学習のねらいア）「南海トラフ巨大地震の伝わり方について理解を深め，南海トラフ巨大地震時に，的確な思考・判断に基づく適切な意志決定や行動選択ができるようにすること」を達成するために追加した学習内容である。第12時では，プレート境界型地震によるP波・S波の伝わり方の違いを視覚的に学習した。また，P波・S波の伝わり方は震源の方角により決まることも学習した。第13時では，建物倒壊はS波による影響が大きいことを学習した。

第14時から第16時は，学習のねらいイ）「南海トラフ巨大地震に伴うブロック塀倒壊の危険を理解・予測し，自らの安全を確保するための行動ができるようにする」とともに，日常的な備えができるようにすることを達成するための学習を実施した。そのために，第14時は図書室を学習の場とした。

その理由は，震災の際，図書室では本棚の転倒や書籍が崩れ落ちることにより，避難経路が塞がれ，避難が困難になる可能性が高いからである（鈴木，2011）[12]。第15時・16時では，第14時の図書室での本棚倒壊の予測体験を土台に，情報の多い通学路のブロック塀の伸びの方向とS波の伝わり方を関連付け，危険なブロック塀について地図に書き込んだ。また，一級建築士中村政則氏に指導を受け，図5に示したブロック塀aからfの安全点検を2時間連続授業で実施した。

　第17時から第19時までは，学習のねらいウ）「自他の生命を尊重し，安全で安心な社会づくりの重要性を認識して，学校，家庭及び地域社会の安全活動に進んで参加・協力し，貢献できるようにする」ための学習を実施した。児童は学習した内容をニュース形式にまとめ，学習成果発表会当日に発表した。

３．総合的な学習の時間における実践

１）第12時の実践と児童の反応

　理科の第11時「地震によって大地はどう変化するのだろう」のまとめにおいて，児童は2018年6月18日の大阪北部地震でブロック塀倒壊により通学路で児童が死亡したことを例に出し，地震はどうやって伝わり建物を倒壊させるのかを知りたいと述べていた。そこで，第12時では，日本地図と南海トラフ及び本校区の位置を示し，南海トラフ巨大地震の発生が危惧されていることを説明し，気付いたことや疑問に感じたことを話し合わせた。話し合いの結果，「牛島から遠い南海トラフで起こった地震がどうやってここまで伝わってくるのか」について学びたいと述べた。

　まず，南海トラフ巨大地震の震源は，本校区の南の方角に位置し，地震の揺れは震源から2つの波，P波・S波として伝わることを説明した。次に，P波，S波の伝わり方を説明した。

　縦波（粗密波）であるP波は，進行方向と平行に南から北の方向に進むこと，横波であるS波は進行方向と直交した面内を震動しながら進むため，S波は東西方向にねじれながら北の方向に進むことを実験装置で観察させた（図3）。

　実験装置は，角材に紐の長さが50cmの振り子のおもりを20cm間隔に

図3　P波・S波の伝わり方の実験

取り付け，おもりをゴムでつなげたものである。最初の実験では，P波と
S波を別々に起こし伝わり方の違いを観察させた。この時点で，児童は，「P
波の方が進むのが速そうだ。S波は横に蛇のようにくねくねしながら伝わ
るので遅いかも。」と話し，両波の伝播速度を比較する実験方法を考え実
施した。児童は，P波とS波を同時に発生させ，どちらの最後のおもりが
先に動くのかを確かめた。その結果，S波の速度がP波よりも遅いことを
理解した。また，P波は進行方向に進み，S波は進行方向に対して左右に
うねりながら進むことを理解した。

2）第13時の実践と児童の反応

　第13時では，第12時の学習を土台として，南海トラフ巨大地震による
S波は本校区を東西に進むことを確認した。その上で，S波による揺れが
建物倒壊などの被害を起こすことを知らせた。そして，教員が，児童に再
度日本地図で南海トラフと牛島小学校の位置を確認させ，「牛島小学校か
ら南の方角の南海トラフで地震が起こったら，教室のどのロッカーが倒れ
ると思いますか。」と問いかけた。児童は，南海トラフ巨大地震ではS波
は東西に揺れることを理解していたが，それを教室内では活用できなかっ
た。そこで，児童に，段ボールを教室の床に，国語事典をロッカーに見立
てるように指示し，各班で実験させた（図4）。実験により，「あっ。わかっ
た。国語事典を南北に長く置くと倒れる。けれど，東西に長く置くと倒れ
ない。」「東西に長く置くと倒れないのは，床とくっついている東西の長さ
が長いからだ。」とS波による建物倒壊の規則性に気付いていた。

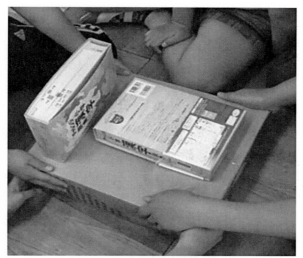

図4　S波と建物倒壊の実験

3）第14時の実践と児童の反応

　本校の図書室は本棚が南北及び東西に整列しているため，S波の伝わり方と本棚の伸びの方向を関連付け，倒壊する本棚の伸びを容易に予測できる。そこで，第14時では，南北あるいは東西に規則的に本棚が設置されている図書室において，第13時で学習した法則性を活用させた。この目的は，S波の揺れに直交する方向に伸びた建物が倒壊しやすいことを理解させるとともに，建物等が乱立している地域においても，学習した規則性に基づいて自分の周りの建物が危険かどうかを判断できるようにするためである。児童は，第13時で活用した段ボールと国語事典の実験装置を持参し，倒壊しやすい本棚の伸びの方向を繰り返し確かめた。その結果，南海トラフ巨大地震におけるS波の揺れと倒壊する可能性の高い本棚の伸びの方向について説明できるようになった。また，震源の方角を変えた場合でも，倒壊する可能性の高い本棚について説明するようになった。

4）第15時・第16時の実践と児童の反応

　第15時・第16時では，学習の場を学校内から通学路へと広げ，本学級の67％の児童が通学している通学路のブロック塀について一級建築士

中村政則氏と点検した。調査範囲は，学校から約430m間の通学路とした（図5）。ブロック塀の安全点検項目は，四国すまいづくり推進会議が徳島市のホームページに掲載している「ブロック塀を点検しよう！」の点検項目（表3）に基づき調査した。

　まず，「ブロック塀を点検しよう！」に示されている安全点検の項目（表3）[13]に基づきブロック塀の安全点検を実施した。

　点検項目は，基本性能10項目，壁体の外観4項目，壁体の耐力1項目，保全状況1項目である。基本性能10項目は，①建築後の年数，②高さの増積み，③使用状況（塀単独かどうか），④塀の位置（擁壁の有無），⑤塀の高さ，⑥塀の厚さ，⑦透かしブロックの有無，⑧鉄筋の有無，⑨控え壁の有無，⑩笠木の有無，である。壁体の外観4項目は，①全体の傾きの有無，②ひび割れ，③損傷の有無，④著しい汚れの有無，である。壁体の耐力1項目は，ぐらつきの程度である。保全状況1項目は，補強・転倒防止対策の有無である。これらの項目を点検し，基本性能値，外観係数，耐力係数，保全係数を求め，総合評点を求めた。総合評点は，基本性能値A×外観係数値B×耐力係数C×保全係数Dで求められ，4段階に区分されている。40点以下は「危険」（転倒防止対策の実施か撤去），40点以上55点未満は「注意が必要」（精密点検実施後，再判定及び転倒防止対策の実施），55点以上70点未満は「一応安全」（1年後に要点検），70点以上が「安全」（3年～5年後に要点検）である。

図5　通学路のブロック塀（a～f）

表３　ブロック塀の安全点検の項目

☆基本性能の点検（基本性能値）				
点検項目			基準点	評価点
基本性能	①建築後の年数	10年未満	10	
		10年以上20年未満	8	
		20年以上	5	
	②高さの増積み	無し	10	
		有り	0	
	③使用状況	塀単独	10	
		土留・外壁等を兼ねる	0	
	④塀の位置	塀の下に擁壁無し	10	
		塀の下に擁壁有り	5	
	⑤塀の高さ	1.2m以下	15	
		1.2mを越え，2.2m以下	10	
		2.2mを越える	0	
	⑥塀の厚さ	15cm以上	10	
		12cm	8	
		10cm	5	
	⑦透かしブロック	無し	10	
		有り	5	
	⑧鉄筋の有無	有り	10	
		無し	0	
		確認不能	0	
	⑨控え壁の有無	有り	10	
		無し	5	
	⑩かさ木の有無	有り	10	
		無し	5	
基本性能値　①〜⑩の評価点の合計				A
☆壁体の外観点検（外観係数）				
点検項目			基準係数	評価係数
壁体の外観	①全体の傾き	無し	1	
		有り	0.7	
	②ひび割れ	無し	1	
		有り	0.7	
	③損傷	無し	1	
		有り	0.7	
	④著しい汚れ	無し	1	
		有り	0.7	
外観係数（①〜④の最も小さな値）				B
☆壁体の耐力点検（耐力係数）				
点検項目			基準係数	耐力係数
壁体の耐力	①ぐらつき	動かない	1	
		わずかに動く	0.8	C
		大きく動く	0.5	
☆保全状況の点検（耐力係数）				
点検項目			基準係数	保全係数
保全状況	①補強・転倒防止対策	有り	1.5	
		無し	1	D

児童が実施した点検方法は次のとおりである。基本性能は，①建築後の年数を家主にたずねた，②高さの増積みは目視，③使用状況は目視，④塀の位置（擁壁の有無）は目視，⑤塀の高さはメジャーで測定，⑥塀の厚さはメジャーで測定，⑦透かしブロックの有無は目視，⑧鉄筋の有無は鉄筋探査機（児童が持参した方位磁針は反応しなかったため，コンクリート探知機 MT-61，測定対象物内の金属製の含有物や小さな鉄の粒などにも反応する機械）で確認，⑨控え壁の有無は目視，⑩笠木の有無は目視で点検した。壁体の外観4項目は，①全体の傾きの有無は児童が作成したペットボトル水準器を活用し気泡の位置で確認した，②ひび割れは目視，③損傷の有無は目視，④著しい汚れの有無は目視である。壁体の耐力1項目のぐらつきの程度は実際に塀を押して確かめた。保全状況1項目の補強・転倒防止対策の有無は目視で確かめた。ブロック塀a〜fの点検結果を表4に示す。

　表4の点検結果をもとに，ブロック塀a〜f（図5）について，基本性能値，外観係数，耐力係数，保全係数及び総合評点・判定を表5に示した。

　ブロック塀a〜fの総合評点は80点で「安全」と判定され3年〜5年後にまた点検を行う必要があるという結果が出た。

表4　ブロック塀の点検結果

	ブロック塀の位置	a	b	c	d	e	f
	ブロック塀の方向	東西	南北	南北	南北	南北	南北
基本性能	①建築後の年数	20年以上	20年以上	20年以上	20年以上	20年以上	20年以上
	②高さの増積み	無	無	無	無	無	無
	③使用状況	塀単独	塀単独	塀単独	塀単独	塀単独	塀単独
	④塀の位置	擁壁無し	擁壁無し	擁壁無し	擁壁無し	擁壁無し	擁壁無し
	⑤塀の高さ	150cm	140cm	140cm	140cm	140cm	140cm
	⑥塀の厚さ	10cm	10cm	10cm	10cm	10cm	10cm
	⑦透かしブロック	有	有	有	有	有	有
	⑧鉄筋の有無	有	有	有	有	有	有
	⑨控え壁の有無	無	無	無	無	無	無
	⑩かさ木の有無	有	有	有	有	有	有
壁体の外観	①全体の傾き	無	無	無	無	無	無
	②ひび割れ	無	無	無	無	無	無
	③損傷	無	無	無	無	無	無
	④著しい汚れ	無	無	無	無	無	無
壁体の耐力	①ぐらつき	無	無	無	無	無	無
保全状況	①補強・転倒防止対策	無	無	無	無	無	無

表5　総合評点・判定結果

	ブロック塀の位置	a	b	c	d	e	f
	ブロック塀の方向	東西	南北	南北	南北	南北	南北
基本性能	①建築後の年数	5	5	5	5	5	5
	②高さの増積み	10	10	10	10	10	10
	③使用状況	10	10	10	10	10	10
	④塀の位置	10	10	10	10	10	10
	⑤塀の高さ	10	10	10	10	10	10
	⑥塀の厚さ	5	5	5	5	5	5
	⑦透かしブロック	5	5	5	5	5	5
	⑧鉄筋の有無	10	10	10	10	10	10
	⑨控え壁の有無	5	5	5	5	5	5
	⑩かさ木の有無	10	10	10	10	10	10
基本性能値合　計		80	80	80	80	80	80
壁体の外観	①全体の傾き	1	1	1	1	1	1
	②ひび割れ	1	1	1	1	1	1
	③損傷	1	1	1	1	1	1
	④著しい汚れ	1	1	1	1	1	1
外観係数（①～④の最も小さな値）		1	1	1	1	1	1
壁体の耐力	①ぐらつき	1	1	1	1	1	1
耐力係数		1	1	1	1	1	1
保全状況	①補強・転倒防止対策	1	1	1	1	1	1
保全係数		1	1	1	1	1	1
総合評点		80	80	80	80	80	80
判定		安全	安全	安全	安全	安全	安全

　次に，表3のブロック塀の安全点検の項目には道幅がなかったので，児童は，ブロック塀の高さと道幅を調べ表6に示した。ブロック塀a～fの総合評点は80点で「安全」と判定されたが，ブロック塀の伸びの方向と道幅との関係から児童は次のように述べていた。特に危険なブロック塀はbとc，dとe，fである。その理由は，南海トラフ巨大地震の震源は，南の方角に位置するため，南北に延びたブロック塀の倒壊が危惧されるからである。道幅を視点に考えると逃げ場がなく危険なのはブロック塀bとc及びeとdである。ブロック塀bとcは，共に高さ140cmであり，道幅3mの通学路の両側に建っている。そのため，ブロック塀bとcが両側から道の中央に向けて倒壊すると逃げ場がなくなり，避難所である牛島小学校にもたどり着けなくなる。ブロック塀eとdも，道幅3.9mの道路を挟んで両側に位置している。とくに，ブロック塀eの一番上の段は全て透かしブロックのため鉄筋の本数は少ないことから倒壊の危険性は高いと考え

られる。もしブロック塀eに沿って下校しているときに南海トラフ巨大地震が発生した場合は，向かい（東側）にもブロック塀dがあるので道幅3.9mの真ん中で避難したほうがいいと話していた。以上のような話し合いから，総合評点では同じ80点で「安全」と判定されても，実際のブロック塀の劣化や高さ及び道幅をもとに，危険な場所はどこかを知り，そこに行かないようにすることが命を守るためには必要であると結論付けた。そして，実際に通学路でブロック塀を調べると，児童は，今まで見えなかった危険が見えるようになったと話していた。

　以上の活動から，児童は目視で以下8点のブロック塀の危険性を説明できるようになった。

表6　ブロック塀の高さと道幅

ブロック塀	高さ（cm）	道幅（m）
a	150	2.35
b	140	3
c	140	3
d	140	3.9
e	140	3.9
f	130	2.2

図6　ブロック塀が倒れる範囲

　・南北に伸びているブロック塀

　・道幅とブロック塀の高さを計算し避難

　・ひび割れたブロック塀

　・コケが生えているブロック塀

　・隙間ができているブロック塀

　・飾りブロックの多いブロック塀

　・浮いているブロック塀

　・7段以上（140cm以上）のブロック塀

　また，鉄筋探査機（コンクリート探知機MT-61）を活用し鉄筋の有無を調べたことから，児童は，ブロック塀の危険性は外観だけでなく鉄筋の有無が関係することも説明するようになった。そして，自分でも確かめられるように，磁針を活用し鉄筋の有無を調べるようになった。しかし，方位磁針を近づけても反応しなかったため，強い磁石を用意して再度試みると話していた。

5）第17時・第18時の実践と児童の反応

　児童が家族及び地域社会の安全活動に貢献する価値と喜びを実感するためには，学習成果発表会で家族や地域の人に学習内容を発表し，聞いてくれた人から感想やアドバイスをもらう体験が有効である。そこで，家族や地域が南海トラフ巨大地震に対する関心を高め，防災意識の向上を図るため，第17時・第18時では，第12時から第16時までの学習内容をプレゼンテーションにまとめ，学習成果発表会で発信する準備をした。プレゼンテーション作成にあたり，児童は，ブロック塀倒壊による事故を取り扱った新聞記事を集めたり，地域の人がブロック塀の安全点検ができるように，自分達が実際にブロック塀を点検しているところの動画をわかりやすく編集したりして，地域の人がブロック塀の危険性に気づくことができるように工夫した。そして，危険なブロック塀撤去の際には，補助金が支給されることもプレゼンテーションに盛り込んだ。

6）第19時の実践と児童の反応

　第19時は児童が南海トラフ巨大地震から命を守るために必要であると考えた内容を家族・地域に向けて学習成果発表会で発表した。その後も，

児童は，東側や北側のブロック塀の点検を実施し，地図に記録した。また，学校の南北に伸びたプール横のコンクリート塀（図1）の危険性に気付き，全校での集団下校の際に近寄らないように注意を呼びかけていた。学習後のブロック塀の調査にあたり，児童は，鉄筋探査機の代わりとしてピップエレキバン，ネオジム磁石等を用いて自作鉄筋探査機の作成を試みたが，鉄筋の有無を確かめることができなかった。しかし，学習や学習後の活動を通して，児童は「もし，ここで地震が起こったらと意識して生活するように自分は変わった」と話していた。

4．保護者・地域・教員の反応

　保護者や地域及び教員からは，ブロック塀の点検方法を初めて知ったこと，ブロック塀がある場所に目が向くようになったこと，避難時の危険な場所としてブロック塀を意識するようになったこと，ブロック塀が倒れた場合には道路の通行ができなくなること，ブロック塀が倒れると消防活動や救助活動などに重大な支障となることに初めて気付いた等の感想が寄せられた。また，ブロック塀の総合評定が80点で「安全」と判定されていたとしても，地震発生時には，できるだけブロック塀の場所は避けて，避難所である牛島小学校に到着できるように避難経路は日常から考えるようになったという意見も寄せられた。

　さらに，自宅のブロック塀の危険性に気付き，補助金制度を活用し，ブロック塀を撤去した保護者も現れた。しかし，ブロック塀の撤去・改修は滞っている。その原因の1つとして，吉野川市役所は，「地域住民の方がブロック塀の危険性を理解し撤去・改修を市役所に申請するようにはなった。しかし，申請者がすべてフェンスに改修するというわけではない。なぜなら，補助金制度を利用した場合は，フェンスに改修後の道幅4m確保が義務づけられていることから，道幅3m前後が多い本地域では，ブロック塀撤去後のフェンス設置の際，自宅敷地が狭くなるというデメリットがあったからであろう」と推察していた。

（5）まとめ

　児童が主役となる通学路のブロック塀の安全点検を取り入れた地震防災教

育プログラムにより，南海トラフ巨大地震から命を守るために必要な危険予測に関する知識として，ブロック塀の劣化を判断する方法，ブロック塀の高さ（段数）と伸びの方向でそのブロック塀の危険性が判断できることを，児童は実生活に活かすようになった。そして，安全を確保するために，地震発生時，南北に伸びたブロック塀には近寄らないこと，ブロック塀の高さと道幅を関連させ避難場所を判断すること等を下校時や郊外学習時に実践するようになった。このことから，本地震防災教育プログラムにより，児童は地震が「自分に起きる」自然災害であるという意識をもち，登校時等に地震が生じた場合を想定し，具体的にどのように行動するのかについて個人で考え試すようになった。

　さらに，児童が学習成果発表会で地域に向けて本地震防災教育プログラムの学習内容を発信したところ，ブロック塀倒壊の危険性を理解し撤去する保護者も現れるようになった。吉野川市役所が指摘する課題はあるが，地域住民もブロック塀の危険性に気づき，行動を起こし始めていることは確かである。

　以上のことから，児童が主役となる通学路のブロック塀の安全点検を取り入れた地震防災教育プログラムにより，児童は，南海トラフ巨大地震は「自分に起きる」という意識をもつようになり，学習した内容をもとに思考・判断し安全な地域づくりに貢献しようとする姿が見られるようになったといえる。

謝辞

　本実践にあたり，木村建設有限会社，一級建築士中村政則氏，徳島県教育委員会人権教育課，吉野川市役所をはじめ，多くの皆様方からご協力・ご支援を頂いた。また，地震防災教育プログラムの開発にあたり，徳島県吉野川市立牛島小学校に資料提供も含めてご協力・ご支援いただいた。関係者の皆様には深く感謝申し上げる。

文献

1 ）岡田恒夫，土岐憲三郎他（2000）：地震防災の事典，3.8.1 人的災害と死傷原因，朝倉書店。

2 ）呂恒倹，宮野道雄（1993）：地震時の人的被害内訳に関するやや詳細な検討．大阪市立大学生活科学部紀要．41，pp.67-80

3 ）NHK（2018）：解説アーカイブス「大阪北部地震 3 か月　塀倒壊の教訓を生かすには」（時論公論）。http://www.nhk.or.jp/kaisetsu-blog/100/305495.html

4 ）日本建築学会（2005）：2005 年福岡県西方沖地震災害調査報告，日本建築学会。

5 ）後藤健介，後藤惠之輔（2017）：ブロック塀の地震時における倒壊危険性に関する実態把握調査自然災害研究協議会西部地区部会報・研究論文集．41，pp.53-56。

6 ）消防庁応急対策室（2016）：熊本県熊本地方を震源とする地震（第 89 報）

7 ）内閣府（2019）：http://www.bousai.go.jp/jishin/nankai/pdf/nankaitrough_chizu.pdf．（2019 年 8 月 1 日に利用）。

8 ）文部科学省（2012）：学校防災マニュアル（地震・津波災害）作成の手引き，p.56。

9 ）文部科学省（2019）：令和元年 8 月 7 日報道発表学校施設におけるブロック塀等の安全点検等状況調査の結果について，p.2。https://www.mext.go.jp/a_menu/shisetu/bousai/__icsFiles/afieldfile/2019/08/07/1419926_001_1.pdf．

10）文部科学省（2019）：令和元年 8 月 7 日報道発表学校施設におけるブロック塀等の安全点検等状況調査の結果について，p.8。https://www.mext.go.jp/a_menu/shisetu/bousai/__icsFiles/afieldfile/2019/08/07/1419926_001_1.pdf．

11）文部科学省（2013）：学校防災のための参考資料「生きる力」を育む防災教育の展開，p.8。

12）鈴木睦美（2011）：震災に際して図書室の状況，日赤図書館雑誌，18（1）pp.37-38。

13）四国すまいづくり推進会議（2009）：ブロック塀を点検しよう！国土交通省四国地方整備局。

5　学校・家庭・地域ぐるみの防災教育の推進 ―我が家の " 防災会議 " につなげるストーリー ある取組―

大前　宣徳

（1）はじめに

　栗東市立治田小学校は，創立 144 年の歴史と伝統のある学校である。以前は，純農村地域の校区であったが，現在は国道 1 号線や名神高速道路・栗東インターの近くにあり，JR 東海道線も通っており，交通が発達している地域である。そのような地形から大きな工場や店舗もたくさんあり，たいへん生活しやすい環境である。

　治田小学校は栗東市の中でも古くから存在し，地域には昔ながらの家屋が多く残っている半面，近年は田畑が団地や集合住宅に変わり始め，新しく地域に住み始める家庭も混在してきている。そのような影響もあり，人口が増え続け，入学予定者も増加している。2018（平成 30）年度の児童数は 610 名，通常学級 19 学級，特別支援学級 3 学級，計 22 学級である。

（2）2018（平成 30）年度の取組の概要

　4 月から意図的・計画的に，『我が家の防災会議につなげるストーリーある取組』として「ベース・ホップ・ステップ・ジャンプ」の 4 段階を設定し，学校・家庭・地域ぐるみの防災教育の推進を展開してきた。（資料 1）

【ベースの段階】

4 月　「学校安全計画」の見直し

　安全点検の仕方や回数，引き渡し訓練の方法など例年までの取組を見直すことにより，課題は明らかになった。そこで，職員研修の充実を図るため，職員会議の始まる 10 分前から DVD の視聴を位置付け，学校で起こる事故

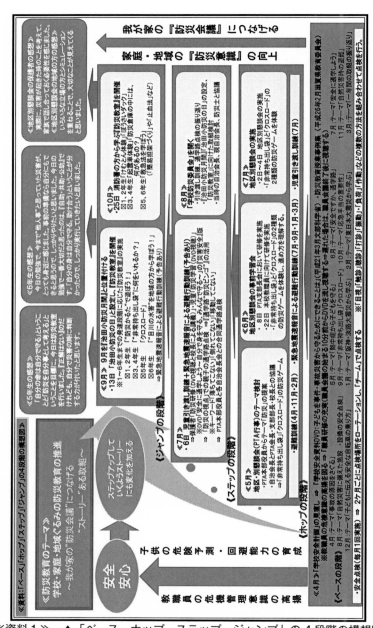

≪資料1≫　▲「ベース・ホップ・ステップ・ジャンプ」の4段階の構想図

や安全点検の仕方などを映像で共通理解し，教職員一人ひとりの危機管理意識の高揚に努めた。DVDは，「学校安全資料：子どもを事件・事故災害から守るためにできることは」（平成21年3月文部科学省発行）を学校安全計画に位置付け活用した。

【ホップの段階】

5月　地区別懇談会のテーマ検討

　PTA本部役員から「防災」の提案があり，自治会長とPTA会長・支部部長・校長との協議の結果，「非常持ち出し袋に，何を入れますか？」「クロスロード」の2種類の防災ゲームを取り入れることにした。

6月　地区別懇談会の事前学習会

　事前学習会では，校長が講師となり，PTA役員と教職員たちも，自分と違う人の意見を聴きながら，防災について真剣に考える充実した学習会となった。

▲「PTA役員の事前学習会」の様子

　3日間の地区別懇談会では，校長・教頭・教務がファシリテーターとなり行った。地域・保護者・学校の3者が熱心に『防災』について考え，「我が家の防災会議」につながる『懇談会』となった。

▲「地区別懇談会」の様子

【ステップの段階】

7月　引き渡し訓練

　引き渡し訓練に多くの保護者が参加できるよう学習参観日に位置付けた。学習参観終了後，緊急地震速報音を「予告あり」で流した。子どもは机の下に身を隠し，保護者には安全な態勢をとるよう呼びかけた。

▲　「保護者の避難行動」の様子

　その後，保護者は体育館へ避難し，子どもも保護者もDVD「安全に通学しよう〜自分で身を守る，みんなで守る〜」（平成25年3月文部科学省発行）の『災

▲保護者の「防災研修」の様子

害安全』版を視聴した。子どもは担任よる「防災学習」、保護者は校長からの「防災研修」を行い、『防災の視点』での親子通学路点検、本部役員と各自治会長との「合同通学路点検」に生かしてもらった。

▲「引き渡し」の様子

通学路点検をする際のポイントが明確になるよう『通学路"防災ビンゴ"カード』（資料2）を準備した。「通学路防災ビンゴ」とは、項目に電柱、ブロック塀、看板などがあり、地震が起きた場合「落ちてこない」「倒れてこない」「移動してこない」という危険ポイントをチェックするためのビンゴゲームである。

≪資料2≫　▲「通学路"防災ビンゴ"カード」

引き渡し訓練当日、「大雨警報」が発表されていたが、保護者の判断で、安全に十分配慮しながら実施することになった。災害時と同様の状態で、通学路の安全点検をしながら下校したことにより、増水する川や側溝の流れの量と速さ、雨で前を見ることも難しい状態で下校する危険さなどを、親子で確認して共有することができた。

▲「親子通学路点検」の様子

≪地区別懇談会の保護者の感想≫
　実際に、災害が起きた時のことを考えて、家族で話し合っておく必要性を感じました。

≪地区別懇談会の地域の方の感想≫
　いろいろな立場の方とシミュレーションを重ねることで、大切なことが見えてくると思いました。

≪通学路点検・児童の感想≫
　雨の日といういい機会でした。そのおかげで、自治会長さんに川の水が増えて危ないことを伝えることができました。

≪通学路点検・保護者の感想≫
　工事や新しく家が建つなど、状況が変わっていくので、時々一緒に確認しようと思いました。

≪通学路点検・児童の感想≫
　通学路にはこんなに"キケン"があるんだなと気づきました。

≪通学路点検・保護者の感想≫
　低学年は目線が低いので、屋根瓦やカーブミラーが上から倒れてくる可能性には、特に、注意が必要だと感じました。

8月　学校防災委員会の開催

　引き渡し訓練と通学路点検の振り返りと 9 月に行われる「治田小防災月間」「治田小防災の日」の設定,『防災教室』に向けた取組と授業内容の検討を行った。

　引き渡し訓練は,今回は各教室で担任が行ったが,分団担当が運動場で行うことや,保護者ではなく「共助」を意識した取組へと発展させる必要があることから,近所（同じ分団）の保護者に引き渡すケースについても意見があった。

【ジャンプの段階】

九月　『治田小防災月間』と「治田小防災の日」と設定

▲「防災かるた」の様子

▲「非常持ち出し袋」とは？

　9 月 13 日の学習参観日を「治田小防災の日」と設定し,1 ～ 6 年生までの発達の段階に応じた『防災教室』の授業を公開し,保護者・地域・学校とで「防災」について考える機会とした。

　1・2 年生は,「防災かるた」の活動を通して,地震や火事,台風などの場面において,どのように行動するのかを学んだ。3・4 年生は,「非常持ち出し袋に,何を入れますか？」,5 年生は「クロスロード」の防災ゲームにおいてグループで話し合い,お互いの意見を交流し合って,真剣に学ぶ様子が見られた。

▲「非常持ち出し袋に,何を入れますか？」

▲「クロスロード」の様子

≪１年生の感想≫
　台風の時は物を家の中に入れる。地震の時は窓ガラスの近くに行ったら危ないことが分かりました。

≪２年生の感想≫
　もっともっと防災の勉強をしたいし，帰ったらお母さんに話そうと思いました。

≪３年生の感想≫
　一番大事なことは，「家族で防災のことを話し合うことだ」と思いました。何が必要かというと，水と救急セット，ラップ，紙コップ，紙皿だと思います。分かったことは，地震はいつ起こるか分からないので，備えておくことが大事だということです。

≪４年生の感想≫
　３日間生き抜くためにとても必要だと思いました。家に帰ったらリュックの中を見ようと思いました。いつ起こるか分からないので，ちゃんと避難場所とか知って，しっかり確認しようと思いました。

≪５年生の感想≫
　「自分の命は自分で守る」ということと「防災を自分事として考える」ということを目標に，今日は防災教室を行いました。『正解はない』のだけれども，自分で災害の時に判断する力が付いたと思います。

　６年生は，「"目川の水害"を地域の方から学ぼう！」という学習を計画した。平成25年8月に『特別警報』が運用され，9月に全国で初めて滋賀・京都・福井に『特別警報』が発表された。9月15日（日）の夜から16日（月）早朝にかけて台風18号が栗東市にも接近した。その被害として，治田小学校の地域を流れる金勝川の堤防が決壊し，地域の一部が水害に遭った。

▲「"目川の水害"を地域の方から学ぼう！」

　当時の様子や助け合い，その後の取組を風化させることなく地域の水害から「防災」ついて学んでいこうと計画を進めた。住宅被害に遭われた方や当時の自治会長，現在の自治会長，防災士の方々の協力を得て情報や資料を集め，何を子どもたちに伝えていくか議論を重ねた。伝えるポイントは『災害は，いつ起こるかは分からない』『災害に備えよう』『地域の方は常に災害に備え，みんなを守っている』という３点に絞った。

　当日は，当時の自治会長，現在の自治会長，防災士を招き，教職員がコーディネーターを務め，「パネルディスカッション形式」で学習を進めた。各自治会長や学校協議会委員，６年生の保護者，地域の方々にも声をかけ，学校・

家庭・地域ぐるみで学べる機会となるよう設定した。

≪６年生の感想≫
　今日の学習で，今まで"他人事"と思っていた災害がとても身近に感じました。事前の準備なら自分にもできると思うのでしっかりやりたいと思いました。今日の学習で一番大切だと思ったのは，『自助・共助・公助』です。「自分の身は自分で守り，助け合う。」ということが分かったので，しっかり実行していきたいと思いました。

≪６年生の感想≫
　私は今まで防災に興味がなかったけど，今日３人の方からお話を聞いて，私はみんなのために頑張りたいし，まちのためにも頑張りたいです。これからは，災害の勉強をして，次の災害では，みんなで協力して，安心して避難したいです。

≪６年生の感想≫
　目川の水害の恐ろしさが分かりました。大切なことは，ニュースなどを見て情報をしっかり収集すること。そして，自分の命は自分で守ることがどれだけ大変かも分かりました。
　常に頭の中で災害のことを考えて行動して，危険だと感じたらすぐ「行動すること」が大切だと思います。非常食や頑丈な建物，ハザードマップなどを確認しておきたいと思いました。

10月　消防署の方から学ぶ『防災教室』

▲「けむとん体験」の様子

　消防署と栗東市危機管理課から講師を招いて，学年段階に応じた体験学習の『防災教室』を開催した。１・２年生は，災害が起こった時の安全な態勢を学んだり，煙で部屋が充満している状態を体験したりした。３・４年生は，起震車で「震度６」の揺れを体験したり，防災倉庫に入っているものを見学したりした。５・６年生は，いざという時の「担架づくり」やけがをした時の「止血法」などの対処方法を学んだ。

▲「起震車体験」の様子

▲「防災倉庫の見学」の様子

▲「担架づくり体験」の様子

（3）取組の成果と課題

　安全教育や防災教育を見直すに当たり常に意識してきたことは，ストーリー性をもたせることにより，学校だけで行うのではなく，家庭・地域を巻き込み，より必然性のある自分事の学びにすることである。その結果，各家庭での『防災会議』につながり，子ども一人ひとりが「防災」を支える一員であるという自覚をもつことになる。その際に必要なことは，引き渡し訓練や避難訓練，防災教室を単発的に行うのではなくそれぞれをつなげていくことであると考えた。（資料3）

　4月に，学校安全計画を見直し，教職員の危機管理意識の高揚を図るため，職員会議の前に職員研修を位置付けた。

　引き渡し訓練や通学路点検では，「防災の視点」を明確にした「通学路"防災ビンゴ"カード」を活用したことにより，子どもと保護者が通学路の具体的な安全点検を行うことにつながった。

　また，それぞれの取組と取組をどのようにつなげていくかを考え「ストーリー性」をもたせながら，より必然性のある取組へと見直した。取組ごとに教職員や子ども，保護者に感想を求め，振り返りの手立てとした。

　どの感想もそれぞれの取組の大切さを感じ，真剣に学んでいる内容であっ

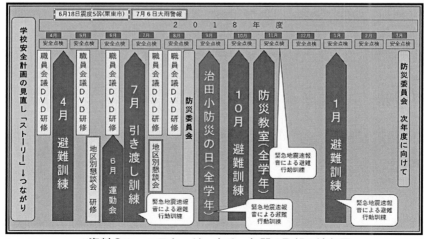

≪資料3≫　▲ストーリーある一年間の取組の流れ図

た。ストーリー性があることで，どの立場の人にとっても意識が継続することになり，充実した取組となった。

　さらに，家庭，地域をより一層巻き込むことで，子どもの真剣な学びが生み出された。子どもは，「我が家の“防災会議”をしよう！」と家庭で考えることや「地域が私たちのことを真剣に守ってくれている。」ことを知ることを通して，より自分事として考える機会が増えた。

　今後の課題としては，次のことが考えられる。

---

①　見直しの経緯の「可視化」を図り，明文化し引き継いでいくこと。
②　地区別懇談会では，保護者や地域の方々とのコミュニケーションが図れる「安全」に関する内容をテーマにしていくこと。
③　治田学区地域振興協議会と継続的に，「情報共有」していくこと。
④　例年通りで取組を進めるのではなく，ステップアップしていくようストーリーにも変化を加え，常に必然性がある取組を継続していくこと。

　治田学区地域振興協議会は，滋賀県内でも早くから子どもたちの見守り活動が実施されており，平成30年10月には，『文部科学大臣表彰』として「学校安全ボランティア活動奨励賞」を受賞した。

　こうした素晴らしい地域の実態を活かし，さらに「防災」に視点をおいて学校行事の充実と発展を試みた。学校行事は，地域や保護者とともに内容を作り上げていくことで，子どもにとってより学びの深いものになる。さらに，地域に根付いていくことにつながり，地域から信頼される学校になると確信している。

（4）おわりに

　平成30年4月に，校長として赴任した栗東市立治田小学校での1年間の取組を紹介したが，治田小学校では現在も継続して実践している。

　また，平成31年4月に赴任した栗東市立葉山小学校においても，学校安全計画をはじめ，安全教育全般の見直しを行い，子どもたちが「我が家の防災会議につなげるストーリーある取組」を展開していけるよう教職員と共通理解し，推進しているところである。

≪資料４≫　▲治田小学校「学校だより NO.6」（平成 30 年 7 月 20 日発行）

≪資料５≫　▲治田小学校「学校だより NO.10」（平成 30 年 10 月 9 日発行）

212

おわりに

　本書は，令和元（2019）年から 3 年計画で開始された兵庫教育大学大学院連合学校教育学研究科共同プロジェクト研究「近年の自然災害を踏まえた防災，減災教育と学校危機管理の構築」に関して取りまとめたものである。

　思えば，平成 7（1995）年兵庫県南部地震が発生した後，兵庫教育大学は徳山明教授（元副学長）を中心として，震災後の阪神地域の学校被害状況をとりまとめた。成果の一部は現在も「阪神・淡路大震災記念人と防災未来センター」で見学できる。また，平成 16（2004）年新潟・福島豪雨，同年中越地震，2007 年中越沖地震では，上越教育大学が学生ボランティアを募り組織的に被災地の学校を支援したことは評価された。その後 2011 年東北地方太平洋沖地震後，2012 年から 3 年間，本連合大学院共同研究プロジェクト「持続可能な社会を構築する学校安全，防災教育・防災管理の実践的研究」が同プロジェクトチームによって実施された。この時の取組内容の一部は「生きる力を育む学校防災」（Ⅰ～Ⅲ）として，平成 25（2013）年から 2015 年に相次いで協同出版から刊行された。

　しかし，その後も自然災害は衰えるどころか，毎年，新たな課題を生じる自然災害が発生し続けている。さらに将来を見据えた場合，これまでも大きな津波被害等を繰り返してきた南海トラフ型地震，これが発生した場合，鳴門教育大学の対応は想像を絶する。2019 年度から，本連合大学院に滋賀大学，岐阜大学の 2 大学が加わり 6 大学となった。滋賀県は 2013 年日本初の特別警報が発表された地域であり，平成 30（2018）年には岡山，岐阜県も特別警報が発表された。特に岡山県は「晴れの国おかやま」と言われるように年間降水量が最も少ない地域であっただけに 2018 年西日本豪雨では皮肉な結果になったと言わざるを得ない。日本国内，自然災害から逃れる地域はなく，それだけに学校防災は喫緊の課題であると言わざるを得ない。

　さらに自然災害は持続可能な社会の構築のため，国を超えて取り組んでいくことが求められる。今後，世界で自然災害による犠牲者が世界の 80% を超えるアジアをはじめ，国際的な視点からも学校防災をとらえる予定である。

藤岡達也（滋賀大学）

近年の自然災害と学校防災（Ⅰ）—これからの時代に求められる防災・減災—
兵庫教育大学連合大学院研究プロジェクトチーム・メンバー及び執筆者

藤岡達也　　滋賀大学・教授（チーム・リーダー）

村田　守　　鳴門教育大学・教授

吉水裕也　　兵庫教育大学・副学長（理事）

加藤内藏進　岡山大学・教授

阪根健二　　鳴門教育大学・教授

宮下敏江　　上越教育大学・教授

佐藤真太郎　埼玉県所沢市立北小学校・教諭／兵庫教育大学連合大学院

阪上弘彬　　兵庫教育大学・助教

青田伸一　　福島県教育庁義務教育課・指導主事

松本健吾　　岡山大学・大学院博士課程

槌田知恭　　岡山市立福南中学校・教諭

橋本三左　　滋賀県栗東市立大宝東小学校・教諭

太田泰子　　岡山県和気郡和気町立和気中学校・養護教諭

吉川武憲　　近畿大学・准教授

辻慎一郎　　鹿児島県薩摩川内市立川内中央中学校・前校長

齋藤由美子　宮城県仙台市立七郷小学校・教諭

貴治康夫　　立命館高等学校・教諭

山岡奈央子　大阪府立箕面東高等学校・教諭

西尾治子　　大阪府立箕面東高等学校・教諭

川真田早苗　徳島県吉野川市立牛島小学校・教諭

大前宣徳　　滋賀県栗東市立葉山小学校校長

　本研究は，令和元年度（2019）から始まった兵庫教育大学大学院連合学校教育学研究科共同研究プロジェクト研究（研究題目「近年の自然災害を踏まえた防災，減災教育と学校危機管理の構築」）によるものである。メンバーは連合大学院の構成6大学の博士課程担当教員と院生，修了生及び教育現場や教育行政等で教育経営・実践に取り組むプロジェクト研究員からなる。

近年の自然災害と学校防災（Ⅰ）―これからの時代に求められる防災・減災―

ISBN 978-4-319-85236-9

令和 2 年 3 月 31 日　第 1 刷発行

　著　　者　兵庫教育大学連合大学院研究プロジェクトチーム©

　発行者　小貫輝雄

　発行所　協同出版株式会社

　〒 101-0054　東京都千代田区神田錦町 2-5

　　　　　　　　電話　03-3295-1341（営業）

　　　　　　　　　　　03-3295-6291（編集）

　　　　　　　　振替　00190-4-94061

　印刷所　協同出版・POD 工場